CONTEÚDO DIGITAL PARA ALUNOS
Cadastre-se e transforme seus estudos em uma experiência única de aprendizado:

1 Entre na página de cadastro:
www.editoradobrasil.com.br/sistemas/cadastro

2 Além dos seus dados pessoais e de sua escola, adicione ao cadastro o código do aluno, que garantirá a exclusividade do seu ingresso a plataforma.

2149958A2462560

3 Depois, acesse: www.editoradobrasil.com.br/leb
e navegue pelos conteúdos digitais de sua coleção :D

Lembre-se de que esse código, pessoal e intransferível, é valido por um ano. Guarde-o com cuidado, pois é a única maneira de você utilizar os conteúdos da plataforma.

CB037200

Editora do Brasil

MARIA CRISTINA G. PACHECO
- Pesquisadora licenciada em Pedagogia e Artes Plásticas
- Professora de Espanhol e Inglês em instituições de ensino de São Paulo
- Autora de livros didáticos e paradidáticos para o ensino de línguas estrangeiras
- Pioneira na formação de professores de Espanhol para brasileiros

APOEMA
ESPANHOL
8

1ª edição
São Paulo, 2019

Dados Internacionais de Catalogação na Publicação (CIP)
(Câmara Brasileira do Livro, SP, Brasil)

Pacheco, Maria Cristina G.
   Apoema espanhol 8 / Maria Cristina G. Pacheco. – 1. ed.
– São Paulo : Editora do Brasil, 2019. – (Apoema)

   ISBN 978-85-10-07771-2 (aluno)
   ISBN 978-85-10-07772-9 (professor)

   1. Espanhol (Ensino fundamental) I. Título. II. Série.

19-28238   CDD-372.6

Índices para catálogo sistemático:
1. Espanhol : Ensino fundamental 372.6

Maria Paula C. Riyuzo - Bibliotecária - CRB-8/7639

1ª edição / 3ª impressão, 2022
Impresso na Melting Indústria Gráfica

Rua Conselheiro Nébias, 887
São Paulo, SP – CEP 01203-001
Fone: +55 11 3226-0211
www.editoradobrasil.com.br

Respeite o direito autoral

© Editora do Brasil S.A., 2019
Todos os direitos reservados

Direção-geral: Vicente Tortamano Avanso

Direção editorial: Felipe Ramos Poletti
Gerência editorial: Erika Caldin
Supervisão de arte e editoração: Cida Alves
Supervisão de revisão: Dora Helena Feres
Supervisão de iconografia: Léo Burgos
Supervisão de digital: Ethel Shuña Queiroz
Supervisão de controle de processos editoriais: Roseli Said
Supervisão de direitos autorais: Marilisa Bertolone Mendes

Supervisão editorial: Selma Corrêa
Edição: Esther Herrera Levy
Assistência editorial: Camila Grande, Camila Marques, Carolina Massanhi, Gabriel Madeira e Mariana Trindade
Auxílio editorial: Laura Camanho
Copidesque: Gisélia Costa, Ricardo Liberal e Sylmara Beletti
Revisão: Elaine Silva, Elis Beletti e Rosani Andreani
Pesquisa iconográfica: Tatiana Lubarino, Daniel Andrade e Elena Molinari
Assistência de arte: Daniel Souza e Lívia Danielli
Design gráfico: Estúdio Anexo e Renné Ramos
Capa: Megalo Design
Imagem de capa: DNY59/iStockphoto.com
Ilustrações: Wasteresley Lima, Marcos Guilherme e João P. Mazzoco
Produção cartográfica: DAE (Departamento de Arte e Editoração) e Sonia Vaz
Coordenação de editoração eletrônica: Abdonildo José de Lima Santos
Editoração eletrônica: YAN Comunicação
Licenciamentos de textos: Cinthya Utiyama, Jennifer Xavier, Paula Harue Tozaki e Renata Garbellini
Produção fonográfica: Cinthya Utiyama e Jennifer Xavier
Controle de processos editoriais: Bruna Alves, Carlos Nunes e Stephanie Paparella

APRESENTAÇÃO

¡Hola! Bienvenido al Projeto Apoema!

O conhecimento de uma língua estrangeira é essencial para o acesso a novos mundos, para ampliar nossas opções no futuro e conseguirmos boa colocação no mercado de trabalho. Por isso, é importante e gratificante aprender a língua espanhola – que conecta o mundo todo –, compreender as culturas das quais essa língua faz parte e interagir com elas de maneira única.

Apoema é uma palavra da língua tupi que significa "aquele que vê mais longe". Nosso objetivo é levar você a conhecer lugares, pessoas, comidas e costumes diferentes durante o aprendizado da língua espanhola e a desenvolver habilidades para usá-la corretamente.

Nossa metodologia ensina o uso do espanhol por meio de assuntos atuais e interessantes para que você possa se comunicar usando essa língua, entendê-la e escrevê-la de forma fluente. Você irá inter-relacionar-se com o mundo e expandir seus horizontes, ou seja, verá mais longe.

¡MANOS A LA OBRA!

CONHEÇA O SEU LIVRO

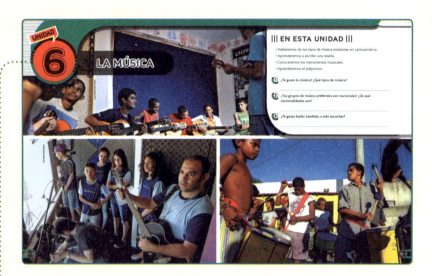

Na abertura de unidade, você verá o conteúdo que será estudado e praticará a língua espanhola por meio de uma ou várias atividades relacionadas a imagens e conhecimentos básicos.

O livro tem oito unidades e cada uma contém quatro capítulos. O **Capítulo 1** começa com a seção **¡Prepárate!**, que apresenta um texto de introdução ao tema da unidade, que pode ser trabalhado como exercício de áudio acompanhado de atividades de interpretação.

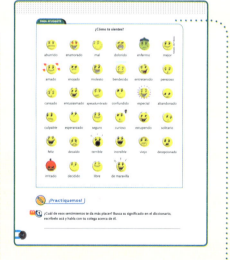

Na seção **Bolígrafo en mano**, você pode consolidar o que aprendeu por meio de atividades de escrita que abrangem os mais diversos fins, sempre com foco na gramática e no vocabulário abordados na unidade.

O boxe **Para ayudarte** aparece várias vezes no decorrer da unidade, com palavras e expressões relacionadas ao assunto estudado, além de diversas ocorrências de determinado termo no mundo hispanohablante, o que propicia a ampliação de seu vocabulário.

Na seção **¡Lengua!**, você encontra tópicos gramaticais explicados de forma detalhada.

A subseção **¡Practiquemos!** indica exercícios que privilegiam a prática de escrita para consolidação de algum tópico gramatical, vocabulário etc., além de interpretação e trabalho com texto.

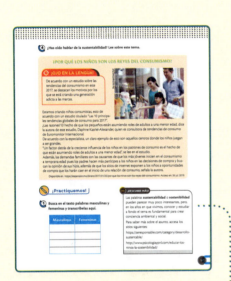

O boxe **¡Descubre más!** apresenta sugestões de vídeos, filmes, livros, *websites* etc., sempre alinhadas ao assunto da unidade.

A seção **A escuchar** sinaliza exercícios com desenvolvimento de áudio. O objetivo é ajudá-lo a entender a língua falada, a fixar a pronúncia de novos vocabulários e estruturas da unidade, e identificar variações de pronúncia e sotaque.

Na seção **¡A jugar!** os exercícios são mais lúdicos para você praticar a língua espanhola de forma divertida.

CONHEÇA O SEU LIVRO

O objetivo do boxe **En equipo** é promover a socialização e atuação em equipe por meio de uma atividade que envolverá uma breve pesquisa em grupo e um debate coletivo com base nos dados coletados.

No **Capítulo 4** de cada unidade, ora você encontra a seção de trabalho **Soy ciudadano**, ora a **Atando cabos**, que têm interação multidisciplinar e trabalham com textos voltados à formação cidadã.

A seção **La palabra del experto** é apresentada em geral duas vezes em cada livro, trazendo textos escritos por especialistas de diversas áreas sobre temas atuais e relacionados ao assunto da unidade.

Na seção **Cultura en acción**, você tem a oportunidade de consolidar, preparar, elaborar e ampliar de forma interdisciplinar um tema já abordado no volume. Por meio do trabalho com um bem artístico-cultural, são desenvolvidas propostas de pequenos projetos que podem ser executados ao final de cada semestre.

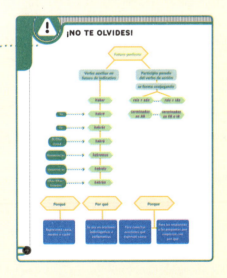

Em algumas atividades, você encontrará os ícones a seguir.

 Indica atividades que usam áudio nas seções **¡Prepárate!** e **A escuchar**.

 Apresenta atividades orais.

 Indica atividades que utilizam o dicionário.

A seção **Desafío** é composta de questões de provas do Exame Nacional do Ensino Médio (Enem), de vestibulares etc., para você se preparar para as provas de vestibulares das instituições de Ensino Superior.

Em todas as unidades, há atividades adicionais, reunidas na seção **Ahora te toca a ti**, para você revisar o conteúdo e praticar ainda mais o que aprendeu.

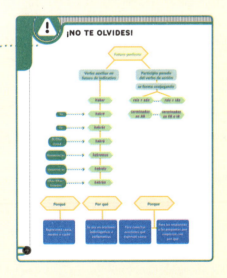

No final de cada livro, há um breve glossário bilíngue (**Glosario**) dos termos encontrados nas unidades.

A seção **¡No te olvides!**, encontrada no final das unidades pares, contém mapas conceituais dos conteúdos de gramática e vocabulário das duas últimas unidades. A seção **Repaso**, apresentada em seguida, traz atividades com o objetivo de consolidar seu conhecimento do conteúdo das unidades.

SUMARIO

Unidad 1 – El celular, ¿mi amigo?

Capítulo 1	¡Prepárate!: Uso de los celulares en las aulas	12
	¡A jugar!: ¿Eres adicto a la Internet?	14
Capítulo 2	Perífrasis *ir + a + verbo*	15
	La computadora	16
	Futuro simple o imperfecto	18
Capítulo 3	Futuro simple o imperfecto (continuación)	20
	Cómo pedir disculpas en español	23
	Cómo aceptar o rehusar disculpas	24
Capítulo 4	Atando cabos: El buen [...] uso de la Internet	25
	Ahora te toca a ti	26

Unidad 2 – Plata en el pelo, oro en el corazón

Capítulo 1	¡Prepárate!: Los sentimientos	30
Capítulo 2	Bolígrafo en mano: ¿Te gusta chismear?	34
	Pretérito perfecto simple	35
Capítulo 3	Pretérito imperfecto	38
Capítulo 4	Soy ciudadano: Voluntariado con personas mayores para combatir su soledad	40
	Ahora te toca a ti	42

¡No te olvides!	44
Repaso	46
Desafío	48

Unidad 3 – ¡Cuando leo, viajo lejos!

Capítulo 1	¡Prepárate!: El hábito de leer	52
Capítulo 2	Discurso directo y discurso indirecto	55
Capítulo 3	Atando cabos: ¿Por qué huelen los libros antiguos?	59
	Los usos de porqué, por qué, porque y por que	59
	Bolígrafo en mano: ¿Cómo escribir un cuento?	62
	La palabra del experto: ¿Cómo fomentar la lectura en adolescentes?	63
Capítulo 4	Atando cabos: Los libros electrónicos en las bibliotecas públicas de Andalucía: ampliando las posibilidades de lectura	64
	Ahora te toca a ti	66

Unidad 4 – No me gusta el frío

Capítulo 1	¡Prepárate!: El tiempo atmosférico	70
	Calamidades naturales	72
	Bolígrafo en mano: El clima de tu ciudad	74
Capítulo 2	Futuro simple o imperfecto	76
	Elementos geográficos	77
	Formas de hablar del futuro	79
Capítulo 3	Futuro perfecto de indicativo	80
	Bolígrafo en mano: Proyectos a corto, mediano y largo plazo	82
Capítulo 4	Soy ciudadano: Por qué deberías salvar la selva amazónica	83
	Cultura en acción: Las bellezas naturales de Centroamérica hispanohablante	84
	Ahora te toca a ti	86

¡No te olvides!	88
Repaso	90
Desafío	92

Unidad 5 – El consumismo

Capítulo 1	¡Prepárate!: Los niños y el consumo	96
Capítulo 2	Géneros de los sustantivos	98
	Géneros de los adjetivos	100
Capítulo 3	Bolígrafo en mano: Consumismo	101
Capítulo 4	Soy ciudadano: El consumo	104
	Ahora te toca a ti	106

Unidad 6 – La música

Capítulo 1	¡Prepárate!: Tipos de música	110
Capítulo 2	Presente de subjuntivo	112
Capítulo 3	Bolígrafo en mano: Características del género reseña	115
Capítulo 4	Atando cabos: Música latinoamericana	117
	Ahora te toca a ti	118
¡No te olvides!		120
Repaso		122
Desafío		123

Unidad 7 – ¡Que tengas suerte!

Capítulo 1	¡Prepárate!: Suerte o mala suerte	126
	Pretérito imperfecto de subjuntivo	127
Capítulo 2	Atando cabos: Supersticiones de abuelas latinas que todos escuchamos durante la infancia	130
Capítulo 3	Bolígrafo en mano: Los signos del zodíaco y las características de personalidad	132
	¡A jugar!: Juego de la oca	136
Capítulo 4	Atando cabos: Las supersticiones más raras	138
	Ahora te toca a ti	140

Unidad 8 – ¡A mi vida la llevo yo!

Capítulo 1	¡Prepárate!: Tabaquismo	144
Capítulo 2	Reglas de acentuación	146
Capítulo 3	A escuchar: La tía Julia y el escribidor, de Mario Vargas Llosa	148
Capítulo 4	Soy ciudadano: "Todos beben, ¡yo voy a beber también!"	149
	Cultura en acción: Los marcos y monumentos de Centroamérica hispanohablante	150
	Ahora te toca a ti	152
¡No te olvides!		154
Repaso		156
Desafío		157
Glosario		158

||| EN ESTA UNIDAD |||

- Conversaremos sobre el uso de la Internet.
- Conoceremos la construcción **Ir + a + verbo**.
- Hablaremos acerca del uso de la tecnología.
- Practicaremos el futuro simple o imperfecto.
- Aprenderemos cómo pedir disculpas en español.
- Aprenderemos cómo aceptar o rehusar disculpas.

1 ¿Te consideras un aficionado a la tecnología? ¿Cuál(es) de los aparatos del recuadro tienes y con qué frecuencia lo(s) usas? ¿Hay algún otro aparato o dispositivo que tengas que no esté en la lista?

> Teléfono celular inteligente • Computadora portátil
> TV inteligente con acceso a Internet • Reproductor mp3
> Videojuego portátil • Reproductor de Blu-ray
> Tableta

_____

_____

2 ¿Usas Internet para hacer las tareas? ¿En cuáles sitios encuentras informaciones interesantes para tus trabajos? Haz una lista en tu cuaderno y compártela con tus compañeros.

||| ¡Prepárate! |||

1 ¿Cuánto tiempo ocupas con Internet todos los días? ¿Llevas tu celular a la escuela? ¿Te llamaron la atención alguna vez por usar el aparato durante la clase? Vamos a ver lo que ocurre en esta escuela. ¿Qué pasa en el diálogo?

Profesora: Alfredo, ¿estás usando el celular?

Alfredo: ¡Uy! Perdón, profesora, ya lo apago.

Profesora: Por favor, ponlo dentro de la mochila. ¿No sabes que es terminantemente prohibido el uso de los celulares dentro del aula?

[Sonido de teléfono sonando]

Profesora: ¡No puede ser! ¿Quién más tiene el aparato prendido?

Mayte: Perdón, profesora, me olvidé.

Profesora: Niños, vamos a ver. Si ustedes no apagan los celulares, es imposible concentrarse en las clases. Imagínense si yo, en vez de explicar toda la materia, decido ver las publicaciones de mis amigos. ¿Qué les parece? ¿O si decido que voy a hablar con mi marido, por ejemplo?

Ya sabemos que todos los recursos de la Internet son muy interesantes, pero ahora hay que desconectarse, principalmente de las redes sociales y ponerse de cabeza en los estudios porque...

[Sonido de teléfono sonando]

Profesora: ¡Uff, qué lucha, Dios mío!

a) ¿Qué estaba haciendo Alfredo?

_____

b) ¿Es permitido usar el teléfono celular en la escuela de Alfredo?

_____

c) ¿Cuántos alumnos tenían el teléfono prendido?

_____

2 ¿Qué te pasa? Charla con tu compañero sobre los temas a continuación.

a) ¿Llevas tu celular a la escuela?

b) ¿Accedes a Internet por celular?

c) ¿Es permitido el uso del celular?

d) ¿Qué les pasa a los alumnos que lo usan en las clases?

3 Lee el texto con atención y realiza la actividad.

Sin celulares en las aulas

[...]

La provincia de Santa Fe prohibió por ley el uso de celulares durante los horarios de dictado de clases. [...]

[...]

Los detractores del celular en la escuela alegan que suele ser un factor de distracción en el proceso de aprendizaje. Los chicos hablan entre ellos de un curso a otro o de un colegio a otro y están pendientes de los mensajes de texto portadores de jugosos chismes, mientras el profesor se esfuerza por dictar un contenido. [...]

"Pedagógicamente, estar pendiente del celular interrumpe las clases, los saca de tema. Por eso, les decimos a las chicas que no incorporen todo lo que la sociedad de consumo impone; fomentamos la crítica entre las alumnas a todo lo que se pone de moda y que no es de primera necesidad", indicó María Ester Raviolo, directora de EGB del Calvario.

[...]

Margarita Valiente de Paoli, docente del Instituto de Desarrollo e Investigación para la Formación Docente (Indi), de la Facultad de Humanidades y Ciencias de la UNL arriesgó su hipótesis: se desvirtuó la función básica de estos aparatos que era la de conectarse ante una emergencia. "De alguna forma, los celulares están fragmentando el aula porque no todos los tienen, algunos poseen aparatos con más tecnologías que otros y pasan a actuar como un elemento discriminatorio", destacó.

[...]

Disponible en: www.ellitoral.com/index.php/id_um/17667. Acceso en: 29 mayo 2019.

• Según las informaciones del texto, marca V para verdadero o F para falso en las siguientes afirmaciones.

◯ Uno de los problemas del uso del celular en el aula es la interferencia en el proceso de aprendizaje.

◯ Quienes se oponen al uso del celular en clase, piensan que el aparato distrae al profesor.

◯ El celular está actuando como un elemento que fomenta la discriminación entre los propios alumnos.

¡A jugar!

1. Vamos a hacer un test para saber si eres adicto a la Internet. Contesta usando una de las siguientes opciones.

	A Nunca o raramente.	B A veces, pero trato de evitarlo.	C Siempre o casi siempre.
1. ¿Con qué frecuencia dejas de salir con otras personas solo para pasar más tiempo en Internet?			
2. ¿Con qué frecuencia dejas de dormir o duermes poco porque te quedas conectado hasta tarde?			
3. ¿Con qué frecuencia empeoras tu desempeño en los estudios porque pasaste mucho tiempo en Internet?			
4. ¿Con qué frecuencia sueñas con Internet?			
5. ¿Con qué frecuencia tratas de disminuir tu tiempo en línea, pero no lo consigues?			
6. ¿Con qué frecuencia prefieres Internet a las amistades?			
7. ¿Con qué frecuencia te descubres diciendo "solo cinco minutitos más" en la computadora?			
8. ¿Con qué frecuencia te irritas cuando alguien de carne y hueso se acerca para conversar mientras estás en Internet?			
9. ¿Con qué frecuencia otras personas de tu vida se quejan del tiempo que le dedicas a Internet?			
10. ¿Con qué frecuencia accedes al *e-mail*, Facebook y Twitter antes de levantarte de la cama?			
11. ¿Con qué frecuencia tratas de esconder la cantidad de tiempo que te quedas en Internet?			

Texto elaborado con fines didácticos.

Resultado del test:
Si respondiste A más de 11 veces, ¡felicitaciones! Estás lejos de ser un dependiente de la *web*.
Si respondiste B más de 11 veces, eres moderado.
Si respondiste C más de 11 veces, lo lamento: eres un adicto! Te sugerimos conversar con un especialista.

CAPÍTULO 2

 ¡Lengua!

Perífrasis Ir + a + verbo

Fíjate:

- Niños, **vamos a ver** las respuestas.
- **Voy a hablar** con mi marido.

Además de indicar movimiento, el verbo **ir** es usado en el futuro inmediato cuando se usa la construcción **ir + a + verbo**. Veamos más ejemplos:

- Mañana **voy a visitar** la feria de libros.
- Tú **vas a comprar** las entradas para el cine.
- Él / Ella / Usted **va a trabajar** temprano.
- Nosotros/as **vamos a viajar** en barco.
- Vosotros/as **vais a pasear** en sulky.
- Ellos / Ellas / Ustedes **van a caminar** por la plaza.

Esta construcción **ir + a + verbo** tiene un significado parecido en portugués ("ter a intenção de fazer algo" o "pretender fazer alguma coisa").

PARA AYUDARTE

¡Nada que ver!
En portugués no se utiliza el verbo **ir** en el futuro inmediato, porque no se usa dos veces el verbo.

Español
Voy a ir al gimnasio a la tarde.

Português
Vou à academia à tarde.

En español es obligatorio el uso de la preposición **a** después del verbo **ir** en el futuro inmediato, incluso cuando el segundo verbo también es **ir**.

¡Practiquemos!

1 Vamos a juntar las columnas y armar frases usando la construcción IR + A.

a) No vamos a dejar   ○   antes de las ocho, ¿no?

b) ¿Vas a olvidarte   ○   al abuelo.

c) El jueves vamos a visitar   ○   de esas cuestiones?

d) Jorgito va a resolver   ○   ese problema.

e) ¿Vamos a hablar   ○   de lo que prometiste?

f) No vais a partir   ○   de hablarnos esta semana, ¿verdad?

2 Ahora practícalo con un compañero y hagan preguntas y respuestas.

PARA AYUDARTE

La computadora

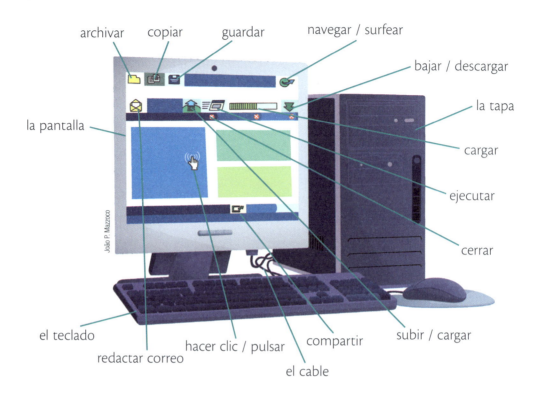
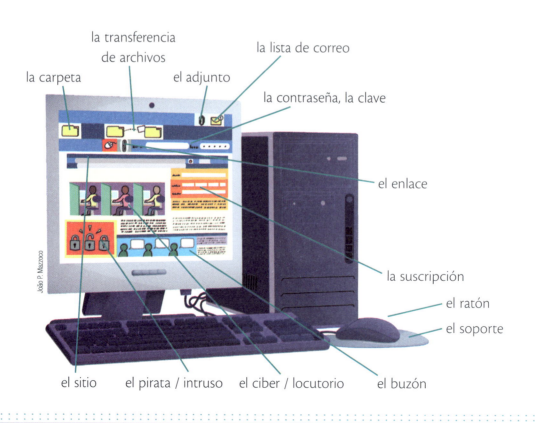

¡Practiquemos!

1 Completa las conversaciones con el vocabulario del cuadro.

chateando • teclado • auriculares • bajé • archivos • ratón

a)

Ayer estuve _____ con Anita.

¿Sí? No la pude agregar todavía a mi lista, pero voy a subir unas fotos en que ella aparece.

b)

Sí, pero todavía no los _____ ¿Son pesados?

¿Ya te llegaron los _____ adjuntos que te mandé para las pruebas?

c)

Todavía no pude abrirlo.

Mira, ponte los _____ y escucha lo que te mandé en el enlace.

d)

Es que el _____ tiene la tecla rota y el _____ se traba y no me deja escribir.

Pero ¡Caramba! Cómo te demoras para todo. ¿Qué te pasa?

2 Actualmente existe contenido digital para casi todos los medios de comunicación: periódicos, revistas, radio, televisión, entre otros. ¿Crees que las nuevas plataformas sustituirán a las antiguas? ¿Por qué?

3 ¿Y tú? ¿Lees revistas por Internet? ¿Escuchas radio en línea? Discute con tus compañeros tu experiencia con la plataforma digital.

Futuro simple o imperfecto

El futuro simple o imperfecto en español es muy parecido al portugués. Fíjate en las conjugaciones de algunos verbos.

	viajar	ser	partir
Yo	viajaré	seré	partiré
Tú	viajarás	serás	partirás
Él/ella/usted	viajará	será	partirá
Nosotros	viajaremos	seremos	partiremos
Vosotros	viajaréis	seréis	partiréis
Ellos/ellas/ustedes	viajarán	serán	partirán

 ¡Practiquemos!

1 Fíjate en las siguientes frases con la forma IR + A + VERBO. Piensa la forma del verbo principal de cada frase en el futuro simple o imperfecto y completa el diagrama.

1) ¿Vamos a pasear en el Cerro de las Rosas este fin de semana?
2) No vais a contarme ahora un cuento del tío, ¿no?
3) Voy a decirte exactamente lo que pienso.
4) ¿Vas a viajar en ómnibus o en auto?
5) No voy a poder terminar solo. Necesito ayuda.
6) Van a traerme las copias del libro mañana.
7) ¿Te parece que vamos a solucionar el problema sin ayuda?
8) Creo que no vas a inventar una locura. Es un caso muy difícil.
9) ¿Voy a descansar ahora, o no?
10) Parece que no vamos a llegar a tiempo.
11) Vas a comer antes de la noche, ¿no?

12) ¿Vais a volver solo después de los carnavales?
13) Voy a hacer rápido la tarea.
14) Elena va a estudiar en Europa el año que viene.

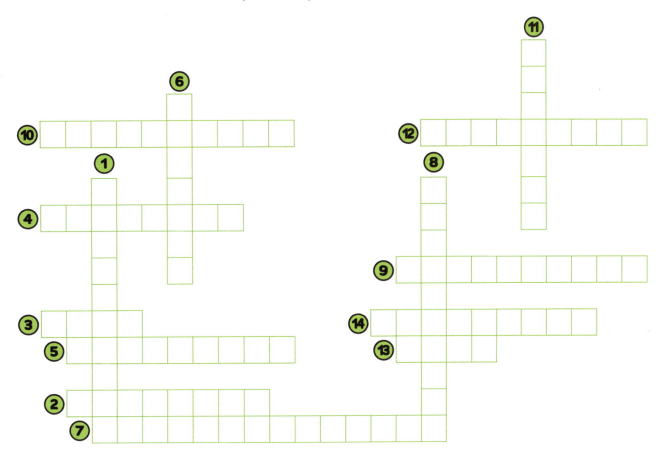

2) **Pasa todas las frases de la actividad 1, que usamos con la forma IR + A, al futuro simple o imperfecto.**

_____

_____

_____

_____

_____

_____

CAPÍTULO 3 — ¡Lengua!

Futuro simple o imperfecto (continuación)

Observa la forma correcta del futuro simple o imperfecto de algunos verbos.

	pasear	contar	decir	recibir	solucionar
Yo	pasearé	contaré	diré	recibiré	solucionaré
Tú	pasearás	contarás	dirás	recibirás	solucionarás
Él/ella/usted	paseará	contará	dirá	recibirá	solucionará
Nosotros	pasearemos	contaremos	diremos	recibiremos	solucionaremos
Vosotros	pasearéis	contaréis	diréis	recibiréis	solucionaréis
Ellos/ellas/ustedes	pasearán	contarán	dirán	recibirán	solucionarán

	viajar	terminar	traer	descansar	inventar
Yo	viajaré	terminaré	traeré	descansaré	inventaré
Tú	viajarás	terminarás	traerás	descansarás	inventarás
Él/ella/usted	viajará	terminará	traerá	descansará	inventará
Nosotros	viajaremos	terminaremos	traeremos	descansaremos	inventaremos
Vosotros	viajaréis	terminaréis	traeréis	descansaréis	inventaréis
Ellos/ellas/ustedes	viajarán	terminarán	traerán	descansará	inventarán

Bolígrafo en mano

1 ¿Cómo te ves en el futuro? Piensa en cómo será tu vida futura de acuerdo a tus decisiones. ¿Dónde vivirás? ¿Con quién? ¿Qué quieres hacer? ¿Cómo te ves dentro de 5, 10 y 20 años? Escríbelo.

_____
_____
_____
_____
_____

A escuchar

1 Escucha la conversación y contesta a las siguientes preguntas.

a) ¿Adónde va la familia? _____

b) ¿Cómo van? _____

c) ¿Qué pasa en el camino? _____

d) ¿La madre atiende al teléfono? ¿Por qué?
_____

e) ¿Quién llamaba por teléfono? ¿Para qué?
_____

f) ¿Cómo está el tránsito?
_____

g) ¿Cómo compran las entradas?
_____

h) ¿Qué más quieren comprar por Internet?
_____

2 Lee el reportaje y contesta a las preguntas.

Causa 70% de accidentes manejar y utilizar el celular

[...] Siete de cada 10 accidentes que se registran a diario son por distracciones al conducir, como hablar por celular, maquillarse o rasurarse, pues tan sólo en el 2012 se registraron 24 mil 722 infracciones por este motivo.

El utilizar teléfono celular o aparatos análogos al conducir está estrictamente prohibida por el Reglamento de Vialidad y Tránsito, sin embargo esto es una de las principales causas de los accidentes que se registran a diario.

Actualmente es común el uso de celulares, DVD y hasta laptop mientras se maneja, lo que aumenta el peligro de manera considerable y no sólo para el conductor, sino para los demás automovilistas que circulan sin pena ni gloria a un lado de estos inconscientes.

Tan sólo en el 2012 se registraron 24 mil 722 multas por utilizar teléfono celular o aparato análogo al conducir, ello de acuerdo con las cifras de la Dirección de Vialidad. "El celular es un aparato que mata gente en fracción de segundos, hay quienes creen que pueden manejar y mandar mensajes", enfatizó el director de Vialidad, Ricardo Mejía Borja Rey. Seis conductores más fueron sancionados por conducir con el aparato de televisión encendido y tres mil 171 por conducir con música ruidosa, la cual también es considerado como un distractor.

Disponible en: https://www.lapoliciaca.com/nota-roja/causa-70-de-accidentes-manejar-y-utilizar-el-celular/. Acceso en: 31 mayo 2019.

a) ¿Es malo usar el celular al manejar el coche?

b) No puedes enviar mensajes de texto mientras conduces un auto. ¿Por qué?

c) Conducir después de beber alcohol es prohibido en Brasil. ¿Sabes por qué?

¡Practiquemos!

1 Envía mensajes pidiendo disculpas por no poder aceptar sus invitaciones. Sigue el modelo.

Julieta te invitó para su fiesta de cumpleaños.

a) Víctor te invitó para ayudarlo a lavar el perro.

b) Yasmín te invitó para comer en el restobar cerca de su casa.

c) Mario te invitó para andar en bici en el parque el domingo.

PARA AYUDARTE

Cómo pedir disculpas en español

Fíjate:

- ¡Uy! Perdón, profesora, ya lo apago.

También se puede pedir disculpas de estas otras formas:

- ¡Perdón!
- ¿Me perdonas?
- Discúlpeme.
- Le pido mil perdones.
- Lo lamento.
- Lo siento mucho.
- Perdóname.
- Perdone.

Género textual: Mensaje instantáneo

La Internet creó nuevos géneros y alteró otros, comprobando cómo se adaptan a las necesidades de su tiempo. El mensaje instantaneo, en particular, que es ahora el modo más rápido y universal de comunicación de todas las edades, no deja de ser, sin embargo, un rápido intercambio de mensajes cortos, que de algún modo refleja por escrito la conversación hablada. A tal punto que, dependiendo del gusto y la posibilidad de cada uno, las personas pueden "conversar" por ese aplicativo usando la voz.

23

PARA AYUDARTE

Cómo aceptar o rehusar disculpas

Aceptar / Lamentar

¡Claro, no tiene importancia!

Está bien.

Nada, nada.

No es nada.

No ha sido nada.

No hay de qué.

No se preocupe.

Olvídelo.

No tiene la menor importancia.

No tiene por qué disculparse.

Rehusar / Lamentar

¡Qué macana! Perdón.

¡Lo lamento! Lamento mucho.

¡Lo siento! Es una pena.

¡Mil disculpas! Qué lástima.

Discúlpame. Lo siento mucho.

 ¡Practiquemos!

(1) ¿Por lo general aceptas o rehúsas las disculpas? ¿En cuáles casos crees que no aceptarías una disculpa?

_____

_____

_____

_____

(2) ¿Haces algo sin pensarlo mucho y luego pides disculpas? Discute con tus compañeros sobre este tema. ¿Cómo actúan ellos?

Actividad oral

CAPÍTULO 4

Atando cabos

EL BUEN [...] USO DE LA INTERNET

[...]
La tecnología transforma nuestras formas de socialización y es difícil adaptarse. Como sociedad, esto nos causa resistencia porque no sabemos qué hay al otro lado. Y atrapados en el medio están los niños: ellos ya están al otro lado, pero sus padres no, y eso genera una sensación de tenerlos fuera de control.

No hay tal cosa como navegación segura, ni debería haber esta preocupación draconiana por proteger a los niños de lo que pueden ver en Internet. No comprendo, me desafía esta noción de escudarlos de "palabras clave" o que puedan ser dañinas para su formación.

[...] Por lo demás, un recordatorio: el mundo no es color de rosa. Hay cosas "feas" y que no pueden gustarnos, y el niño tiene que verlas igual. En Internet es igual, pero a la enésima potencia. De la misma manera que no deberíamos enseñarles a los niños que hay cosas "prohibidas" de las que no se puede hablar, deberíamos hacer un esfuerzo por explicarles cómo comprender estos fenómenos extraños, ponerlos en contexto y quitarles así la mística que los hace, justamente, tan apelativos. No hay un "buen uso de Internet" porque nadie es capaz de definir lo bueno, ni mucho menos de convertirlo em filtros de contenido.

Disponible en: https://pt.scribd.com/doc/44344556/El-Buen-y-Mal-Uso-de-La-Internet. Acceso en: 31 mayo 2019.

EN EQUIPO

 En grupos, vamos a crear en el cuaderno una lista de sitios web que nos servirán para hacer trabajos e investigaciones en español. Es importante tomar en cuenta sitios web de fuentes confiables y con informaciones interesantes.

PARA AYUDARTE

¡Nada que ver!
Chatear en español es hablar por Internet, en un **chat**.

AHORA TE TOCA A TI

1) Ordena las siguientes letras para formar palabras:

a) B A L T E A T

_____

b) L C U E R A L

_____

c) D T C O R P U E R R O 3 P M

_____

d) D A R O M O C T U P A

_____

e) N R T E N I T E

_____

f) N G L T O C E A Í O

_____

2) Completa las siguientes frases usando la estructura IR + A + VERBO EN INFINITIVO.

a) Mañana es el cumpleaños de Jorge, _____ (nosotros / celebrar) en un restaurante cerca de la escuela.

b) Los alumnos de la sección B tienen excursión la próxima semana, van a _____ (explorar) las grutas al sur de la ciudad.

c) Mi abuela está en el hospital, está muy enferma. _____ (yo / visitarla) para dale ánimos.

3) Utiliza las expresiones que están en la caja para excusarte en las siguientes situaciones. Existe más de una respuesta correcta.

> ¡Perdón!   •   ¿Me perdonas?   •   Discúlpeme   •   Le pido mil perdones.
> Lo lamento   •   Lo siento mucho   •   Perdóname   •   Perdone

a) Juro no volver a hacerte daño, eres muy importante para mí.

_____

b) Sr. Martínez, no quería golpearlo con la puerta.

_____

c) Marcia, supe anoche lo de la muerte de tu abuelito. No pude ir al funeral.

_____

d) ¡Joven, ese perfume es un probador, no está a la venta!

_____

4 Ahora, une las frases de la izquierda con las expresiones de disculpa de la derecha. Varias respuestas son posibles.

a) Rodolfo, discúlpame por haberte gritado ayer, fue de muy mal gusto.

b) No quise interrumpirla, doña Concha.

c) Ay, qué vergüenza, he derramado café en su camisa, perdone.

d) Sabía que no debía opinar sobre tus asuntos, discúlpame.

○ No tiene la menor importancia.

○ No se preocupe.

○ No es nada.

○ No tiene por qué disculparse.

5 Utiliza el futuro simple o imperfecto para completar el siguiente texto.

El avión del futuro (tomar) _____ como ejemplo la estructura ósea de los pájaros para reforzar su fuselaje y (eliminar) _____ las ventanas para dejar al descubierto el techo y los laterales y convertir así los viajes en una experiencia como la de las "Mil y una noches". […]

Los aviones del 2050 ya no (estar) _____ divididos en "Business" o "Turista", sino (tener) _____ salas temáticas con el objetivo de que el cliente aproveche el tiempo al máximo. […]

El "Concept Cabin" (ser) _____ reciclable al 100% ya que (estar) _____ construido con fibras naturales y (aprovechar) _____ el calor producido por los cuerpos de los pasajeros para generar energía. […]

Disponible en: https://www.abc.es/tecnologia/abci-airbus-transparente-avion-futuro-201106130000_noticia.html.
Acceso en: 31 mayo 2019.

UNIDAD 2
PLATA EN EL PELO, ORO EN EL CORAZÓN

||| EN ESTA UNIDAD |||

- Hablaremos sobre los sentimientos positivos y negativos.
- Conversaremos sobre los abuelos.
- Hablaremos sobre el voluntariado con personas mayores.
- Estudiaremos el pretérito perfecto simple.

1 Marca las actitudes que debemos tener con respecto a las personas mayores.

a) ◯ Hablar con respeto a todas las personas mayores, sean o no conocidas.

b) ◯ Evitar poner mala cara o hacer gestos despectivos cuando los mayores les dicen algo.

c) ◯ Hacer críticas despectivas a la espalda ("viejo", "chocho", "tocado", "pesado" etc.).

d) ◯ Dar siempre las gracias, y también utilizar siempre "por favor".

e) ◯ No admitir de buen grado las pequeñas manías, cabezonerías etc. que puedan tener tus abuelos u otras personas mayores.

f) ◯ Hay que aprender a escuchar a los mayores.

g) ◯ Hay que saludar cuando nos visitan o visitamos a otras personas. Lo mismo a la hora de despedirse.

h) ◯ Hay que estar siempre dispuestos y atentos para ayudar las personas mayores.

i) ◯ Ignorar a los mayores o "huir" de ellos.

2 Ahora charla con tu compañero acerca de la importancia de las personas mayores en nuestras vidas y por qué debemos respetarlas.

||| ¡Prepárate! |||

1 ¿Vives con tus abuelos? ¿Ellos ya son mayores? ¿Hay muchas personas mayores en tu familia?

2 Vamos a ver qué cuenta Graciela acerca de su abuelo. ¿Qué pasa en el diálogo?

Inés: ¿Qué te pasa, Graciela? ¿Estás triste?

Graciela: Es que mi abuelo está internado en un hospital.

Inés: ¿Qué le pasa?

Graciela: Tuvo un infarto. Está en terapia intensiva.

Inés: Bueno, no te pongas tan triste. ¿Lo visitaste?

Graciela: Sí, es que nos llevamos muy bien. Lo extraño mucho.

Inés: ¿Cuántos años tiene?

Graciela: 87.

Inés: Mis abuelos son bastante más jóvenes, tienen entre 60 y 67 años, los cuatro. Bueno, no te pongas tan mal; ven, ya va a empezar la clase.

A la salida del colegio

Graciela: ¿Inés? ¿A que no sabes quién me llamó al celular?

Inés: ¿Quién?

Graciela: Pues, mi abuelo. Ya salió de terapia intensiva y está muy bien. Estoy muy contenta.

João P. Mazzoco

a) ¿Qué le pasa a Graciela?

_____

b) ¿Qué le pasó al abuelo? ¿Qué edad tiene él?

_____

c) ¿Qué edad tienen los abuelos de Inés?

_____

3 ¿Qué te pasa? Charla con tu compañero sobre los temas a continuación.

a) ¿Qué edad tienen tus abuelos?

b) ¿Qué sentimientos tienes por tus abuelos?

PARA AYUDARTE

Los sentimientos son las emociones que todo ser vivo tiene para expresarse:

Sentimientos positivos

Amor, fe, felicidad, valentía, euforia, entusiasmo, alegría, optimismo, satisfacción, agrado, tranquilidad, serenidad, sosiego, gratitud, respeto, lealtad, fidelidad, solidaridad, altruismo, esperanza, comprensión, ilusión, empatía, caridad, amistad, respeto, admiración, autonomía, fuerza, disfrute, éxtasis, gratificación.

Sentimientos negativos

Ansiedad, cólera, odio, tristeza, dolor, ira, rabia, rencor, remordimiento, culpabilidad, envidia, avaricia, egoísmo, venganza, superioridad, soberbia, enojo, mal genio, atropello, fastidio, molestia, furia, resentimiento, hostilidad, animadversión, impaciencia, indignación, irritabilidad, violencia, miedo, desconfianza, nerviosismo.

Ilustrações: João P. Mazzoco

 ¡Practiquemos!

 1 Mira las imágenes siguientes y di qué sientes. Sigue el modelo.

PARA AYUDARTE

¿Cómo te sientes?

aburrido	enamorado	mal	dolorido	enfermo	mejor
amado	enojado	molesto	bendecido	entretenido	perezoso
cansado	entusiasmado	apesadumbrado	confundido	especial	abandonado
culpable	esperanzado	seguro	curioso	estupendo	solitario
feliz	decaído	terrible	increíble	viejo	decepcionado
irritado	decidido	libre	de maravilla		

Ilustrações: João P. Mazzoco

¡Practiquemos!

1. ¿Cuál de esos sentimientos te da más placer? Busca su significado en el diccionario, escríbelo acá y habla con tu colega acerca de él.

2 Lee el siguiente texto, y luego discute con tus compañeros:

"Abuelas de Plaza de Mayo" es una organización argentina de derechos humanos que busca localizar y restituir a sus legítimas familias a todos los niños secuestrados y desaparecidos por la última dictadura militar que gobernó el país desde 1976 hasta 1983. Unos 500 niños fueron secuestrados por los militares. La asociación es formada por mujeres que tuvieron sus hijas, consideradas subversivas, secuestradas mientras estaban embarazadas. Después de nacer los niños, las mujeres fueron muertas y los niños pasaron ilegalmente a las manos de militares o familias indicadas por estos. Las abuelas buscan a sus nietos hasta el día de hoy.

Texto elaborado con fines didácticos.

a) ¿Qué sentimientos te causó esta historia? ¿Cómo expresas estos sentimientos? Observa las expresiones del recuadro.

¡Vaya!	¡Me da lo mismo!	¿Qué dices?
¡Anda!	¡No me importa!	Me lo imaginaba.
¡No me digas!	¡Me da igual!	¡No me lo puedo creer!
¿Verdad? ¿Sí?	¡No me sorprende!	¿Bromeas?
¿Lo dices en serio?	Sí, ya lo sabía.	No quiero oír.
¿De veras?	No me interesa.	¡Basta con este asunto!
¿Me lo juras?	Me resulta indiferente.	

b) ¿Qué no sentiste nada? ¡Piensa mejor! Seamos solidarios con nuestros semejantes. La vida es cíclica, lo que hoy está arriba, mañana puede estar abajo; así, tal como dice la sabiduría popular: "hoy por ti y mañana por mí".

Bolígrafo en mano

1 ¿Te gusta chismear? Lee la historieta a seguir.

Fuente: Daniel Paz. Disponible en:http://danielpaz.com.ar/blog/wp-content/uploads/2013/06/los-tres-filtros.jpg. Acceso en: jul. 2014.

a) ¿Vamos a chismear sobre cosas bien hechas? Observa las imágenes siguientes.

La cantante colombiana Shakira posa con niños durante la ceremonia de inicio de la construcción de una escuela apoyada por su fundación "Pies Descalzos". Barranquilla, Colombia, 2 nov. 2018.

La actriz Angelina Jolie, enviada especial de ACNUR (Alto Comisionado de las Naciones Unidas para los Refugiados), se encuentra con Ester Barboza, de 17 años, que ha estado ciega desde los tres años y huyó de Venezuela con su familia debido a la falta de atención médica. Riohacha, Colombia, 7 jun. 2019.

b) ¡Dale, cuéntanos la última!

_____

_____

Pretérito perfecto simple

Fíjate:

- **Tuvo** un infarto.
- Se calcula que unos 500 niños **fueron** secuestrados por la dictadura en Argentina.

El **pretérito perfecto simple** es el tiempo verbal conocido comúnmente como **pasado simple**.

Expresa acciones que fueron concluidas en el pasado, y que están separadas del presente, en un tiempo ya terminado.

En esta unidad, ya vimos los verbos que siguen, en el pretérito perfecto simple. Busca en las páginas anteriores estos verbos en el pasado y transcríbelos aquí.

Causar	_____	Salir	_____
Gobernar	_____	Ser	_____
Llamar	_____	Tener	_____
Pasar	_____	Visitar	_____

35

¡Practiquemos!

1 Lee la historia de Azucena y Federico, ordénala cronológicamente y luego conjuga los verbos entre paréntesis en pretérito perfecto simple.

a) Esa noche, Azucena (conocer) _____ a un chico muy guapo llamado Federico y (comenzar / ellos) _____ a salir juntos. ◯

b) En 2013, Federico (conocer) _____ a una chica llamada Margarita y ¡sorpresa! (él / descubrir), _____ que era la amiga de su ex Azucena. ◯

c) En 2012, Federico y Azucena (tener) _____ un accidente de moto. Federico (recuperarse) _____ rápidamente pero Azucena (estar) _____ en cama por 2 meses. ◯

d) En 2010, Azucena y Margarita (salir) _____ de fiesta una noche. ◯

e) Tres meses después de la recuperación, Federico y Azucena (tener) _____ algunas diferencias y (ellos / separarse) _____. ◯

f) Después de algunas semanas compartiendo, Federico y Azucena (decidir) _____ ser novios. ◯

CAPÍTULO 3

A escuchar

1 Escucha la conversación de la abuela con su nieto. Contesta a las preguntas.

a) ¿La conversación habla solamente de la vida real?

Sí ◯   No ◯

b) ¿Se menciona algún animal?

Sí ◯   No ◯

c) ¿En ella se trata de la edad del abuelo?

Sí ◯   No ◯

2 Responde V para verdadero y F para falso según corresponda.

◯ El abuelo de Javier le cuenta a su nieto una historia real.

◯ Javier nota que está siendo engañado.

◯ La abuelita de Javier trabajaba mucho todos los días.

◯ La historia favorita de la abuelita de Javier era la de "La Viejita del Cebollar".

◯ La abuela de Javier vivía en un lugar con muchos animalitos salvajes.

◯ La abuela de Javier no sabía hacer ninguna tarea doméstica.

3 ¿Y a ti? ¿Tus abuelos te contaban historias? Comparte con tus compañeros alguna historia que te hayan contado tus abuelos.

Actividad oral

Pretérito imperfecto

Fíjate:

- No **podía** entender.
- Antes, **había** gliptodontes y grandes lagartos.

El **pretérito imperfecto** se refiere a tiempos pasados, pero en general se destaca la continuación del verbo, y no su terminación. Las acciones descritas por ese tiempo verbal se prolongan a lo largo de un cierto espacio de tiempo.

En las audiciones que recién escuchamos, estaban todos los verbos que siguen. Escribe a qué verbos se refieren las opciones conjugadas.

Escondían	_____	Hacían	_____
Ayudaba	_____	Iba	_____
Cazaba	_____	Jugaba	_____
Contaba	_____	Llevaba	_____
Era/eras	_____	Podía	_____
Gustaba	_____	Sabía	_____
Había	_____	Tenía	_____

¡Practiquemos!

 1 Subraya los verbos que correspondan para completar las frases del texto.

LAS ARRUGAS

Era / Fue un día soleado de otoño la primera vez que Bárbara se fijó / fijaba que el abuelo tenía / tuvo muchísimas arrugas, no solo en la cara, sino por todas partes.

— Abuelo, debería darte la crema de mamá para las arrugas.

El abuelo sonreía / sonrió, y un montón de arrugas aparecían / aparecieron en su cara.

— ¿Lo ves? Tienes demasiadas arrugas.

— Ya lo sé, Bárbara. Es que soy un poco viejo... Pero no quiero perder ni una sola de mis arrugas. Debajo de cada una guardo el recuerdo de algo que aprendí / aprendía.

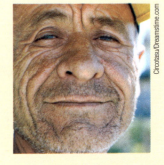

A Bárbara se le abrieron los ojos como si hubiera descubierto un tesoro, y así los mantuvo mientras el abuelo le enseñaba / enseñó la arruga en la que guardaba / guardó el día que aprendió / aprendía que era mejor perdonar que guardar rencor, o aquella otra que decía / dijo que escuchar era mejor que hablar, esa otra enorme que mostraba / mostró que es más importante dar que recibir o una muy escondida que decía / dijo que no había nada mejor que pasar el tiempo con los niños.

Desde aquel día, a Bárbara su abuelo le parecía / pareció cada día más guapo, y con cada arruga que aparecía / apareció en su rostro, la niña acudió / acudía corriendo para ver qué nueva lección había aprendido. Hasta que en una de aquellas charlas, fue su abuelo quien descubrió / descubría una pequeña arruga en el cuello de la niña:

– ¿Y tú? ¿Qué lección guardas ahí?

Bárbara se quedó pensando un momento. Luego sonrió y dijo:

– Que no importa lo viejito que llegues a ser abuelo, porque... ¡te quiero!

Pedro Pablo Sacristán. *Las arrugas*. Disponible en: https://cuentosparadormir.com/infantiles/cuento/las-arrugas. Acceso en: 30 mayo 2019.

 2 Lee el texto y marca los verbos que estén en el pasado. ¿Qué tiempo pasado es usado?

EL COHETE DE PAPEL

Había una vez un niño cuya mayor ilusión era tener un cohete y dispararlo hacia la luna, pero tenía tan poco dinero que no podía comprar ninguno. Un día, junto a la acera descubrió la caja de uno de sus cohetes favoritos, pero al abrirla descubrió que solo contenía un pequeño cohete de papel averiado, resultado de un error en la fábrica.

El niño se apenó mucho, pero pensando que por fin tenía un cohete, comenzó a preparar un escenario para lanzarlo. Durante muchos días recogió papeles de todas las formas y colores, y se dedicó con toda su alma a dibujar, recortar, pegar y colorear todas las estrellas y planetas para crear un espacio de papel. Fue un trabajo dificilísimo, pero el resultado final fue tan magnífico que la pared de su habitación parecía una ventana abierta al espacio sideral.

Desde entonces el niño disfrutaba cada día jugando con su cohete de papel, hasta que un compañero visitó su habitación y al ver aquel espectacular escenario, le propuso cambiárselo por un cohete auténtico que tenía en casa. Aquello casi le volvió loco de alegría, y aceptó el cambio encantado.

Desde entonces, cada día, al jugar con su cohete nuevo, el niño echaba de menos su cohete de papel, con su escenario y sus planetas, porque realmente disfrutaba mucho más jugando con su viejo cohete. Entonces se dio cuenta de que se sentía mucho mejor cuando jugaba con aquellos juguetes que él mismo había construido con esfuerzo e ilusión.

Y así, aquel niño empezó a construir él mismo todos sus juguetes, y cuando creció, se convirtió en el mejor juguetero del mundo.

Pedro Pablo Sacristán. *El cohete de papel*. Disponible en: http://cuentosparadormir.com/infantiles/cuento/el-cohete-de-papel. Acceso en: 30 mayo 2019.

Soy ciudadano

VOLUNTARIADO CON PERSONAS MAYORES PARA COMBATIR SU SOLEDAD

[...]

Voluntarios de personas mayores, cómo mitigan su soledad

Los voluntarios son imprescindibles en la vida de algunas personas mayores. Aunque su relación comienza como una visita periódica fijada por agenda, a menudo, se convierten en amigos y en pieza imprescindible de una rutina que **busca** dejar de serlo. No en vano, sensibilidad y empatía son dos características comunes a los voluntarios y reclamadas por las organizaciones que gestionan estos programas.

Quienes se deciden a formar parte de ellos son personas comprometidas con lo que hacen, pero sobre todo, con los mayores. Cada una facilita un engranaje que aparta la soledad de la vida de los usuarios, por lo menos, durante el tiempo que comparten. Juntos **recuerdan** anécdotas de la infancia, se cuentan lo ocurrido durante el día o se presta ayuda en pequeñas tareas domésticas que **facilitan** la estancia en el hogar de las personas mayores.

[...]

Acompañar a personas mayores, una tarea muy importante
[...]
Sobran razones y faltan voluntarios. Pero por si **quedan** dudas, Amigos de los Mayores aporta argumentos para colaborar en esta causa: "Ganas de conocer gente, tener tiempo y querer invertirlo en los demás". El retorno es mayor que la inversión, puesto que los voluntarios reciben el agradecimiento y cariño de las personas a quienes acompañan. A cambio, los voluntarios rubrican un compromiso que recoge el respeto a los usuarios y ciertos deberes.

Se les pide también estabilidad emocional para ser un apoyo para los mayores.
[...]

AZUCENA GARCÍA. Diponible en: www.consumer.es/web/es/solidaridad/proyectos_y_campanas/2012/10/30/213945.php. Acceso en: 30 mayo 2019.

¡Practiquemos!

1. ¿Alguna vez has participado de algún grupo de voluntariado? ¿Cómo fue la experiencia? En caso de no haber participado, ¿conoces algún grupo de voluntariado de tu ciudad? Haz una lista.

_____

_____

2. Busca en el diccionario el significado de los verbos en negrita en el texto y escribe una frase diferente con cada uno de ellos.

_____

_____

_____

_____

EN EQUIPO

1. Con base en la lectura anterior, en grupos, propongan un proyecto de voluntariado para realizar en su ciudad. Es importante que cada grupo divida los trabajos de modo que sea una actividad sustentable. Después, conversa con la dirección de tu colegio o escuela para ver si es viable hacerlo. Sé un voluntario, siempre hay alguien que necesita tu ayuda.

AHORA TE TOCA A TI

1) Selecciona de la caja el sentimiento que mejor representa a las siguientes frases.

> satisfacción • entusiasmo
> solidaridad • nerviosismo

a) ¡El concierto de la banda es en solo 2 días! No puedo ni dormir de pensar que los veré en vivo: _____.

b) Ya no puedo ni ver el cuaderno de matemáticas. La prueba es en 15 minutos y necesito salir muy bien: _____.

c) Si no fuera por la ayuda de mis colegas del trabajo no hubiese resuelto aquel lío: _____.

d) No hay nada mejor que irse a dormir pensando en que realicé todas las tareas diarias como estaba planificado: _____.

2) Pregúntale a un compañero de clase o familiar sobre su expectativa de vida, y haz un breve resumen sobre qué hizo durante las diferentes etapas de su vida. En el caso de las etapas que no ha vivido, pregúntale cómo se ve en el futuro.

Infancia	
Niñez	
Pubertad	
Adolescencia	
Madurez	
Vejez	

3 Completa las frases conjugando los verbos correctamente en pretérito imperfecto de indicativo.

a) Siempre (compartir) _____ nuestro almuerzo con los demás.

b) Antes (soler / yo) _____ comer en el cafetín.

c) Hace dos años, el transporte público (ser) _____ mucho más barato.

d) En verano (ir / nosotros) _____ todas las tardes a la playa.

e) Los actores (firmar) _____ autógrafos después de cada función.

f) A mi antiguo coche le (costar) _____ arrancar.

g) Nuria y Ramón (ser) _____ los más jóvenes del grupo.

h) Al anochecer (ir / vosotros) _____ a pasear.

i) Cuando (ser/yo) _____ chico (caminar/yo), _____ todos los domingos en el parque.

j) No fui a la escuela porque (estar/yo) _____ medio enfermo.

k) El coche del abuelo (ser) _____ muy viejo.

l) Ellas (jugar) _____ con su equipo los jueves.

4 Une la oración con el verbo que corresponda y luego completa los espacios conjugando el verbo en pretérito perfecto simple.

a) La película _____ con media hora de retraso.   ○ Pedir

b) La semana pasada _____ unas fotos en la red.   ○ aprobar

c) _____ un montón de regalos para su cumpleaños.   ○ traer

d) Anoche los niños _____ enseguida.   ○ comenzar

e) El año pasado, todos los alumnos _____ los exámenes finales.   ○ asistir

f) Tú no _____ nada a la fiesta.   ○ dormirse

g) Vosotros no _____ a la ceremonia.   ○ colgar

h) Él _____ con su club todos los domingos del año.   ○ chocar

i) El abuelo de Martín _____ su auto nuevo.   ○ entrenar

¡NO TE OLVIDES!

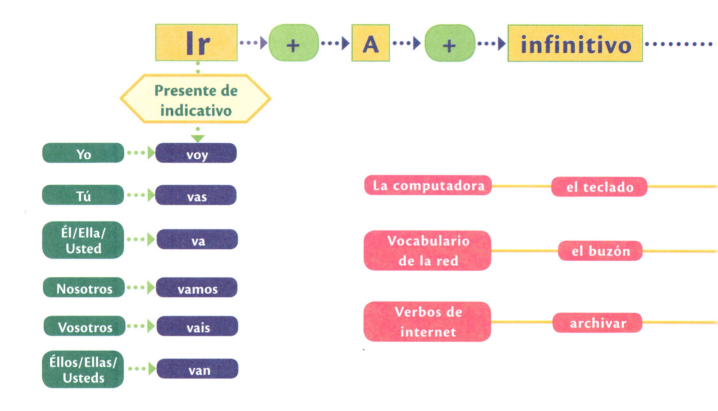

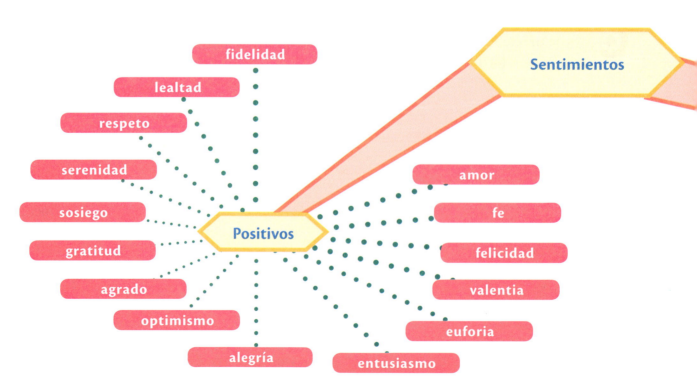

Se utiliza para → expresar acciones a ser realizadas en un futuro inmediato, también indica movimiento.

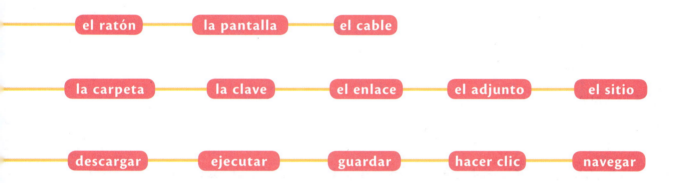

el ratón — la pantalla — el cable

la carpeta — la clave — el enlace — el adjunto — el sitio

descargar — ejecutar — guardar — hacer clic — navegar

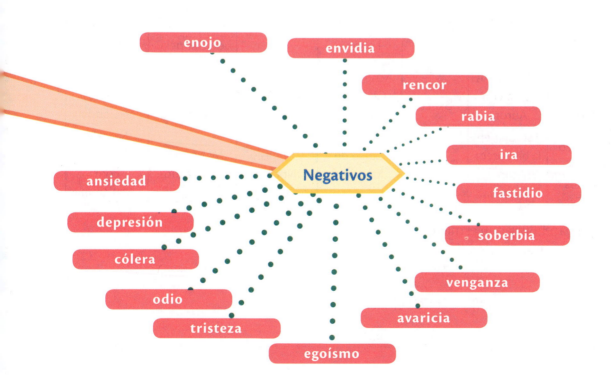

Negativos: enojo, envidia, rencor, rabia, ira, fastidio, soberbia, venganza, avaricia, egoísmo, tristeza, odio, cólera, depresión, ansiedad

REPASO

1) Ordena las letras para formar las palabras que indican cómo una persona puede sentirse. Pueden ser sentimientos negativos o positivos.

a) L C U B L P A E

_____

b) T L I O R S O I A

_____

c) R L B I E

_____

d) S D A N A C O

_____

e) O O U I S C R

_____

f) R R T D O A I I

_____

g) Z S O O P R E E

_____

2) Anabella, Benjamín y Gabriela son tres universitarios que viven juntos en un apartamento. Revisa el calendario con sus actividades y responde las siguientes preguntas.

	Domingo	Lunes	Martes	Miércoles	Jueves	Viernes	Sábado
Anabella	Parque con Jéssica	Estudiar en la biblioteca con Gabriela	Yoga Cine con Javier	Escalar la sierra con Luisana	Día libre	Fiesta de cumpleaños de Gabriela	Día libre
Benjamín	Juego de fútbol en el estadio	Tarde: Tenis Cena con Aurora	Ir al banco	Acupuntura Gimnasio con Miguel	Día libre	Fiesta de cumpleaños de Gabriela	Salir de compras con Gabriela
Gabriela	Almuerzo con los abuelos	Estudiar en la biblioteca con Anabella	Día libre	Curso de locución	Mañana: Gimnasio Noche: Teatro	¡Mi fiesta de cumpleaños!	Salir de compras com Benjamín

a) ¿Qué va a hacer Benjamín el miércoles?

_____

b) ¿Qué van a hacer Benjamín y Gabriela el sábado?

_____

c) ¿Qué va a hacer Benjamín el viernes?

_____

d) ¿Qué va a hacer Anabella el domingo?

_____

e) ¿Qué va a hacer Gabriela el jueves?

_____

f) ¿Qué van a hacer Anabella y Gabriela el lunes?

_____

g) ¿Cuándo van a estar libres Anabella, Benjamín y Gabriela?

_____

_____

_____

3 Conjuga los verbos entre paréntesis en pretérito imperfecto.

a) Edgar (pintar) _____ bailarinas y caballos. Hoy le encanta la naturaleza.

b) En aquella época no (ser/nosotros) _____ bastante grandes para subirnos en la montaña rusa.

c) El año pasado (ir/tú) _____ a clases de italiano.

d) En mi instituto no (haber) _____ ordenadores.

4 Completa con los verbos entre paréntesis en pretérito perfecto simple.

a) La semana pasada (dormir/ellos) _____ en un hotel.

b) Él no (hacer) _____ el trabajo.

c) El terremoto (destruir) _____ muchísimas casas.

d) Los ladrones (huir) _____ de la policía.

Universidade do Estado de Santa Catarina (UDESC) – (Vestibular 2013.1 – manhã)

Lea el texto 1 y resuelva las cuestiones 1 a 5.

TEXTO 1

EL UNIVERSO SIMPSON CUMPLE UN CUARTO DE SIGLO

1 Hasta el Vaticano los recomienda. Y eso que la familia más famosa de Estados Unidos no escati-
2 ma en sarcasmos e ironías cuando de religión se trata ("Si algo nos ha enseñado la Biblia, que no
3 nos ha enseñado nada, es que las niñas deberán practicar deportes de niñas, como luchas en
4 aceite caliente", dicen en uno de los 500 episodios). Pero para el gobierno del catolicismo, la serie
5 es uno de los pocos programas de televisión para niños "donde Dios es un tema recurrente".
6 Y así se demuestra que a los amarillos no se les resiste ni la Iglesia.

7 Todo empezó hace 25 años, cuando el productor, guionista y director de cine norteamericano
8 James L. Brooks (ganador de cinco Oscars por "La fuerza del cariño" y en pleno apogeo) se fijó
9 en las viñetas de un tal Matt Groening. Por entonces, Matt exploraba cuestiones existenciales
10 a través de un grupo de conejos maltrechos y de vivires alternativos. La vida en el infierno, se
11 llamaba su hábitat de papel.

12 Ante el nuevo proyecto — televisar su creación—, el dibujante temió por la salud de sus
13 mamíferos, así que dio rienda suelta a la pluma e inventó el clan color ocre chillón.

14 Según cuenta la leyenda, los diseñó por primera vez en una servilleta, quince minutos antes de
15 encontrarse con Brooks.

Revista Cielos Argentinos, Argentina. Junio de 2012.

1) Los números cardinales "500" (línea 4) y "25" (línea 7) se leen, respectivamente:

○ quinientos – veinticinco
○ quinientos – venticinco
○ quinhentos – veinte y cinco
○ quiñentos – vintecinco
○ quiñentos – vinticinco

2) Marque V (verdadero) o F (falso), según la interpretación del texto.

○ El Vaticano recomienda la serie "Los Simpsons" porque ésta apoya a la Iglesia.
○ A pesar de ser irreverentes, "Los Simpsons" son recomendados por el Vaticano.

○ Cuando James Brooks conoció el trabajo de Groening, le ofreció televisarlo.

○ El seriado de televisión llegó a los 500 episodios.

○ "Los Simpsons" fueron cuidadosamente diseñados por su creador, que trabajó durante años hasta lograr el clan color ocre chillón que conocemos.

- Ahora, señale la alternativa que contiene la secuencia correcta, de arriba hacia abajo.

○ V – V – F – V – F ○ F – V – V – V – F

○ V – F – F – F – V ○ V – F – V – V – F

○ F – V – F – V – F

3 Señale la alternativa correcta para "… dio rienda suelta a la pluma…" (línea 13).

○ Dibujó libremente. ○ Se obsesionó con la pluma.

○ Se descontroló. ○ Dibujó tanto que la pluma se acabó soltando.

○ Se esforzó mucho.

4 La expresión "a los amarillos" (línea 6) se refiere a:

○ los católicos. ○ la prensa amarilla.

○ la raza amarilla. ○ los fanáticos de la serie.

○ la familia Simpson.

5 Con respecto a "Matt Groening" (línea 9), se puede afirmar que:

○ Los Simpsons fueron su primera creación.

○ empezó su carrera a los 25 años.

○ fue descubierto por James L. Brooks hace 25 años.

○ en su juventud andaba maltrecho y su vida era un infierno.

○ era productor, guionista y director de cine antes de encontrarse con Brooks.

Disponible en:<http://novo.vestibular.udesc.br/arquivos/id_submenu/1021/caderno_de_prova_manha.pdf>.Acceso en: jan. 2014.

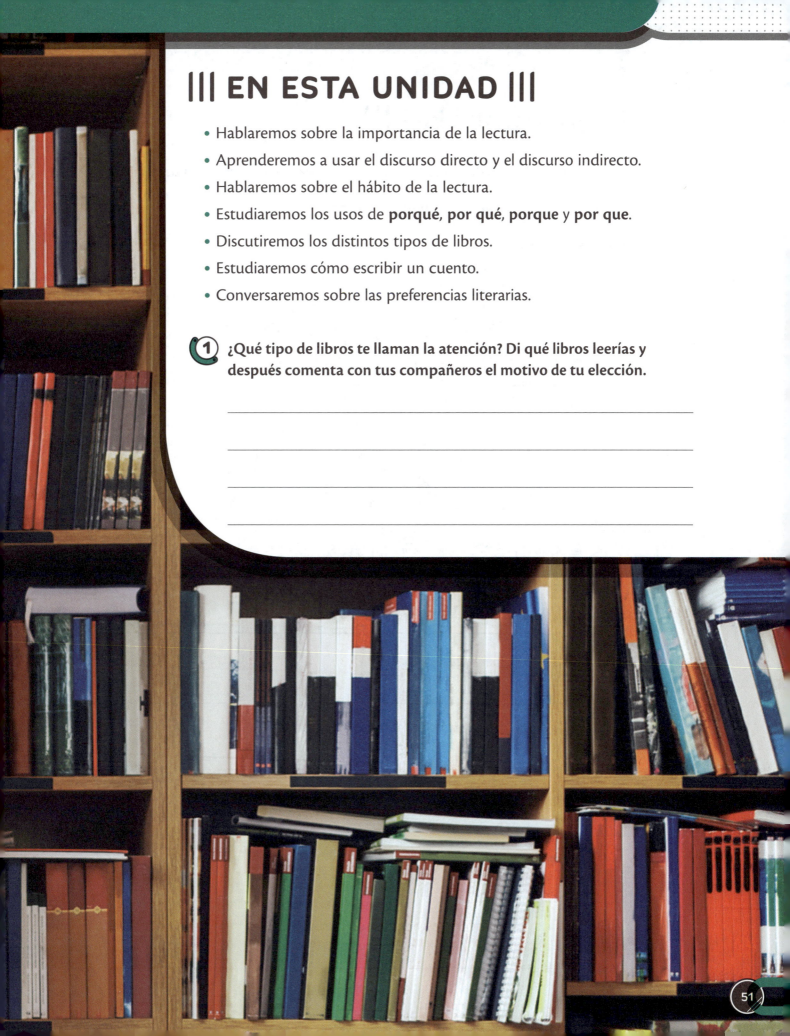

||| EN ESTA UNIDAD |||

- Hablaremos sobre la importancia de la lectura.
- Aprenderemos a usar el discurso directo y el discurso indirecto.
- Hablaremos sobre el hábito de la lectura.
- Estudiaremos los usos de **porqué**, **por qué**, **porque** y **por que**.
- Discutiremos los distintos tipos de libros.
- Estudiaremos cómo escribir un cuento.
- Conversaremos sobre las preferencias literarias.

1 ¿Qué tipo de libros te llaman la atención? Di qué libros leerías y después comenta con tus compañeros el motivo de tu elección.

_____
_____
_____
_____

||| ¡Prepárate! |||

1 ¿Te gusta leer? ¿Qué tipos de libros te gusta leer? ¿Hay muchos libros en tu casa?

2 ¿Compras los libros que lees, o los pides prestados?

3 ¿Qué pasa en las tiritas?

a) En la primera tirita, ¿quién está leyendo?

_____

b) En la segunda tirita, ¿con quién habla la niña?

_____

c) En la tercera tirita, ¿de qué habla el niño?

_____

d) ¿Qué tienen en común las 3 tiritas?

_____

e) ¿Cuáles historias podrían ser reales y cuáles son metafóricas?

_____

Escucha la conversación y contesta las preguntas.

a) ¿En qué lugar están conversando Laura y su abuela?
_____

b) ¿A qué jugaba la abuela en las fiestas de cumpleaños?
_____

c) ¿Ya había pantallas gigantes para mostrar las fotos?
_____
_____

d) ¿Dónde servían la torta de los cumpleaños?
_____
_____

 ¿Qué te pasa? Charla con tu compañero sobre los temas a continuación.

a) ¿Con cuál de las situaciones te identificas?

b) ¿Qué prefieres, jugar o leer?

 ¡Practiquemos!

 Lee el texto y responde las preguntas.

LA IMPORTANCIA DE LA LECTURA EN UNA SOCIEDAD TECNOLOGIZADA

[...]
Saber leer, saber comprender...
La importancia del lenguaje se valora cada vez más en las sociedades modernas. [...]
La lectura es el verdadero camino hacia el conocimiento y la libertad, ya que nos permite viajar por los caminos del tiempo y el espacio, así como también conocer y comprender las diferentes sociedades y sus culturas.
En los niños, la lectura no solo divierte y desarrolla su vocabulario, sino que incentiva su imaginación, aumenta el conocimiento académico y de la vida diaria, y le facilita la interacción con los demás integrantes de la sociedad. [...]
El dominio lector, la escritura y el cálculo elemental siguen siendo los objetivos primordiales para "Aprender a Aprender" e ir desarrollándonos cada vez más como seres autónomos, y no dependientes de cualquier gobierno o ideología de turno.

Importancia de la lectura

Podemos decir que la Lectura es el medio más eficaz para la adquisición de conocimientos ya que enriquece nuestra visión de la realidad, intensifica nuestro pensamiento lógico y creativo, y facilita la capacidad de expresión.

[…]

En definitiva leer implica razonar, crear, soñar y convertirnos en seres cada vez más tolerantes y respetuosos de las diferencias de los demás, consiste en aprender a observar la sociedad desde un nuevo punto de vista mucho más objetivo, alejándonos de prejuicios e ideas contradictorias a la realidad. […]

LEONI, S.: La importancia de la lectura en una sociedad tecnologizada. *Contribuciones a las Ciencias Sociales*, mayo 2012. Disponible en: http://www.eumed.net/rev/cccss/20/sllh.html. Acceso en: 30 mayo 2019.

a) ¿Estás de acuerdo con lo que dice la autora del texto? ¿Por qué la lectura es importante para ella?

_____
_____
_____
_____
_____

b) ¿En tu escuela hay biblioteca? ¿La utilizan? ¿Cuántos libros son recomendados por año para lectura? ¿Qué te parece ese número?

_____
_____

c) ¿Te parece que el uso de la tecnología hizo que las personas dejaran de leer libros?

_____
_____

d) ¿En tu casa o escuela utilizan la tableta para la lectura de *e-books*? ¿Qué te parece ese recurso?

_____
_____

¡Practiquemos!

1. Si te gusta leer es porque te gusta escuchar historias. Vamos a contarle a alguien la historieta siguiente, que leímos anteriormente.

Tú la puedes contar de dos formas distintas. Observa el recuadro siguiente.

> • **Usando el discurso directo**
>
> Ella dijo: "Lo siento. Ahora mismo Snoopy no puede salir a jugar. Está leyendo…".
>
> El niño dijo: "Los perros no saben leer.".
>
> El otro niño agregó: "Bueno, está allí sentado y sostiene un libro…".
>
> Snoopy leyó: "Ana Karenina y el Conde Vronski nunca podrán ser felices.".
>
> • **Usando el discurso indirecto**
>
> Ella dijo que lo sentía. En aquel momento, Snoopy no podía salir a jugar porque estaba leyendo.
>
> El niño le contestó que los perros no sabían leer.
>
> El otro niño comentó que Snoopy estaba allá, sentado y que sostenía un libro.
>
> Snoopy leyó que Ana Karenina y el Conde Vronski nunca podrían ser felices.

a) ¿Qué diferencias encuentras entre las dos formas?

_____
_____
_____

Discurso directo y discurso indirecto

El habla de un narrador puede expresarse usando el discurso directo o discurso indirecto.

El **directo** es aquel en el que se repiten **textualmente** las palabras que fueron dichas por el interlocutor. Ejemplo: El chico dijo que escribió un cartel que dice: "Los perros no saben leer.".

En el estilo directo, por lo tanto, no hay cambios en el mensaje, que aparece tal y como el interlocutor lo dijo o lo pensó. Aparecen los mismos tiempos verbales, la misma persona, los mismos pronombres, adverbios etc. En el **discurso indirecto** se relata algo que el interlocutor dice, pero sin que sus palabras se repitan textualmente. Ejemplo: El chico dijo que los perros no saben leer.

El narrador expresa el mensaje transformándolo según su punto de vista. Por eso, al pasar del discurso directo para el indirecto hay cambios sobre todo en los tiempos verbales. Se cambian también los adjetivos y adverbios posesivos, los demostrativos y todos los adverbios y las expresiones que marcan una referencia de tiempo y de espacio.

Otro nombre del discurso directo es **discurso citado**, porque el narrador cita al personaje, por lo que las comillas son necesarias. El discurso indirecto no cita textualmente, sino que comenta lo que alguien dice, por lo tanto las comillas no son necesarias. Mira más ejemplos:

- Me dijo: "Quiero que estés aqui mañana a la tarde." (discurso directo)
- Me dijo que quería que estuviera allí hoy a la tarde. (discurso indirecto)

Cuando queremos transmitir o comentar algo que fue dicho por nosotros mismos o por otra persona, generalmente producimos cambios que no solo afectan el tiempo verbal, sino también a las otras categorías gramaticales. Así se transforma el mensaje según el punto de vista del narrador.

Veamos algunos ejemplos:

Categorías gramaticales	Discurso directo	Discurso indirecto
Demostrativos	este esta	ese, aquel esa, aquella
Posesivos	mi mío (a) nuestro (a/s) vuestro (a/s)	su suyo (a) su / suyo (a) nuestro (a/s)
Pronombre sujeto	yo nosotros (as) vosotros (as)	él/ella ellas / ellos nosotros (as)
Referencias espaciales	aquí	aquí/allí
Referencias temporales	ayer anoche	anteayer / el día anterior/ anteanoche / la noche anterior
Tiempos verbales	presente de indicativo futuro simple o imperfecto	pretérito imperfecto condicional

¡Practiquemos!

1 ¿Qué pasa en las imágenes? Discútelo con tus compañeros.

_____
_____

2 Ahora completa con el futuro imperfecto.

a) (Yo) No te _____ hasta las diez de la noche porque seguramente (yo) _____ bastante trabajo. (ver, tener)

b) No (ellos) _____ en contacto antes de las 12 porque seguramente (ellos) no _____ antes de esa hora. (entrar, llegar)

c) Me (ellos) _____ temprano, porque ya (ellos) _____ antes mi mensaje. (llamar, recibir)

d) Te _____ los pasajes porque ya (ellos) _____ todo el problema hasta la tarde. (mandar, resolver)

3 Comenta con tus compañeros y con tu profesor sobre tus próximos proyectos a corto, mediano y largo plazo. Utiliza las estructuras aprendidas del futuro para cada caso. Después escribe tus planes acá.

_____
_____

4 ¿Vamos a hacer un test?

EL TEST DEL BUEN LECTOR

Saber leer es mucho más que saber decodificar signos. Hay otras actitudes, competencias y habilidades en juego. Comprueba, resolviendo este ítem.

Tienes únicamente dos minutos para realizar las siguientes actividades:

1. Lee todo antes de comenzar a hacer algo.
2. Escribe tu nombre en el extremo superior derecho de la hoja.
3. Haz una circunferencia alrededor de la palabra "nombre", en la oración anterior.
4. Dibuja cinco pequeños cuadrados en la punta superior izquierda de esta hoja.
5. Pon una cruz en cada uno de los cuadrados.
6. Dibuja una circunferencia alrededor de cada uno de los cuadrados anteriores.
7. Firma este papel al final de la hoja.
8. Traza una circunferencia alrededor del número 7.
9. Escribe tu domicilio al lado de tu firma.
10. Dibuja un rectángulo alrededor de la palabra "izquierda" del ítem 4.
11. Escribe una X en la punta inferior izquierda de esta hoja.
12. Encierra la X que acabas de dibujar dentro de un triángulo.
13. Al llegar a este punto, di tu nombre en voz alta.
14. Si hasta aquí realizaste todas las actividades en forma debida, avisa a tus compañeros.
15. Cuenta del 1 hasta el 10 con tu voz normal.
16. Traza tres circunferencias en algún lugar libre de esta hoja.
17. Escribe una X dentro de cada una de ellas.
18. Si llegaste a este punto, avisa a tus compañeros que ya te falta poco.
19. Di con voz normal "me falta un solo ítem".
20. Ahora puedes empezar: haz solamente la actividad indicada en el ítem número dos.

Si no cumpliste al pie de la letra con la consigna que te proponíamos en el ítem número uno y realizaste todo antes de leer, reflexiona acerca de la importancia que tiene una lectura atenta para saber interpretar cualquier tipo de texto. […]

Disponible en: www.abc.com.py/edicion-impresa/suplementos/escolar/el-test-del-buen-lector-73946.html.
Acceso en: 31 mayo 2019.

5 ¿Qué te parece este test? ¿Eres un buen lector? Charla con tus compañeros acerca de los resultados del test y sobre cómo pueden volverse mejores lectores.

Atando cabos

1. ¿Fuiste alguna vez a una biblioteca? ¿Sentiste algún olor especial?

2. ¿Sabes que muchas personas tienen la costumbre de oler los libros cuando los compran? Y tú, ¿hiciste eso alguna vez?

Ahora, lee el texto siguiente que trata de ese tema.

¿POR QUÉ HUELEN LOS LIBROS ANTIGUOS?

El olor de los libros antiguos es el resultado de cientos de compuestos orgánicos volátiles (VOCs, por sus siglas en inglés) liberados desde el papel al aire. Además de inconfundible, este olor puede resultar muy útil para conocer el estado de conservación de los viejos volúmenes, según un estudio que acaba de publicar la revista *Analytical Chemistry*. "Oliendo" los gases emitidos por 72 documentos antiguos de los siglos XIX y XX con una nueva técnica llamada "degradómica material", un equipo de científicos británicos y eslovenos ha conseguido identificar 15 moléculas volátiles que podrían ser buenos marcadores para cuantificar a ciencia cierta el riesgo de que se degraden la celulosa [...] y otros componentes de los libros. Esta técnica no invasiva podría ayudar a las bibliotecas y los museos a preservar una amplia gama de objetos basados en papel, algunos de los cuales se están deteriorando rápidamente debido a su avanzada edad.

Disponible en: https://www.muyinteresante.es/curiosidades/preguntas-respuestas/ipor-que-huelen-los-libros-antiguos.
Acceso en: 31 mayo 2019.

¡Lengua!

Los usos de porqué, por qué, porque y por que

Fíjate:

- **¿Por qué** huelen los libros antiguos?

Vamos a aprender cuándo se usa **porqué**, **por qué**, **porque** y **por que**.

Porqué

Es un sustantivo masculino que representa una causa, un motivo o razón, y se escribe con acento. Como se trata de un sustantivo, se usa generalmente con el artículo **el** u otro determinante: Ejemplo:

- No entiendo el **porqué** de tu comportamiento (el motivo de tu comportamiento).

Como los otros sustantivos, tiene plural. Ejemplo:

- No me cuentes tantos **porqués**.

Por qué

Se forma por la preposición **por** y el interrogativo o exclamativo **qué** (es escrita con acento para diferenciarla del pronombre relativo **que** o de la conjunción **que**). Se usa, en dos palabras separadas, en interrogaciones y exclamaciones. Ejemplos:

- ¿**Por qué** no estuviste en la clase?
- No entiendo **por qué** te enojaste tanto.

Fíjate que, diferente del sustantivo **porqué**, la combinación **por qué** no explica la razón, la causa o el motivo de nada.

Porque

Es una conjunción y se escribe sin acento. Se usa con los siguientes significados:

a) Para conectar oraciones que expresan causa, y puede ser reemplazada por otras expresiones de valor causal como **debido a que**, **puesto que** o **ya que**. Ejemplo:

- Falté a la excursión **porque** no tenía ropa adecuada (**ya que** no tenía ropa adecuada).

b) También se usa para las respuestas a las preguntas que empiezan con **por qué**. Ejemplo:

- ¿**Por qué** no estuviste en la fiesta de Regina?
- **Porque** mi mamá no me dio permiso.

Por que

Puede tratarse de una de las siguientes situaciones:

a) **Por que** se forma con la preposición **por** y el pronombre relativo **que**; que se puede reemplazar por **el cual**, **la cual** etc. Ejemplo:

- Fueron varios los problemas **por que** fue eliminado del equipo.

Sin embargo, lo más común, neste caso, es usar el relativo con artículo antepuesto (**el que**, **la que** etc.): Ejemplo:

- Esta es la razón **por** (**la**) **que** te llamé.

La otra situación de uso de **por que** es con preposición **por** + la conjunción subordinante **que**. Esto ocurre en el caso de verbos, sustantivos o adjetivos que rigen un complemento presentado por la preposición **por** y llevan además una oración subordinada introducida por la conjunción **que**. Ejemplo:

- Están ansiosos **por que** comencemos a estudiar el tema.

¡Practiquemos!

1) Llena los espacios vacíos de las frases siguientes con las formas adecuadas de POR QUÉ, PORQUÉ, PORQUE o POR QUE.

a) A mí no me cuenta _____ está enojada.

b) La razón o el _____ del viaje es la enfermedad del tío.

c) Fuimos al cine _____ queríamos ver a Violetta.

2) Selecciona la respuesta adecuada.

a) Se lo prepararé _____ quiero.

○ porque   ○ porqué   ○ por qué

b) Quieren saber _____ llegas tarde cada día.

○ porque   ○ porqué   ○ por qué

A escuchar

1 Mariana y Pedro están en una librería porque Mariana quiere regalarle un libro a su madre. ¿Qué tipos de libros le gustan a la madre de Mariana? Circula los libros que no le gustan.

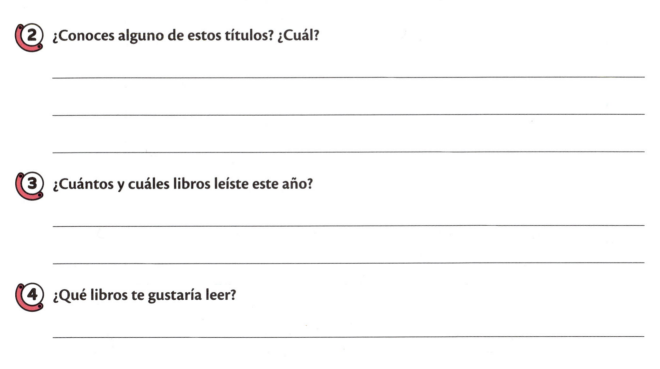

2 ¿Conoces alguno de estos títulos? ¿Cuál?

_____
_____
_____

3 ¿Cuántos y cuáles libros leíste este año?

_____
_____

4 ¿Qué libros te gustaría leer?

_____
_____

61

Bolígrafo en mano

1) ¿Y a ti? ¿Qué tipo de cuentos te gustan? Lee las instrucciones a continuación y charla con tu profesor acerca de la escritura de cuentos.

PARA AYUDARTE

¿Cómo escribir un cuento?

1) Recolecta ideas para tu cuento.

2) Comienza con las características del cuento:

> **Introducción:** Presenta a los personajes, el lugar de la historia, el momento en el tiempo, el clima etc.
>
> **Acción inicial:** Donde comienza la historia.
>
> **Acción creciente:** Narración de los eventos.
>
> **Clímax:** El punto más intenso de la historia.
>
> **Acción decreciente:** Comienza su desenlace.
>
> **Resolución o desenlace:** Un final satisfactorio en el cual el conflicto central se resuelve o no.

No es obligatorio escribir el cuento en orden. Si tienes una idea para escribir una buena conclusión, escríbela.

3) Limita la amplitud de tu historia.

4) Decide quién contará la historia.

Hay tres tipos de narradores para contar una historia:

- en primera persona: es el personaje quien cuenta la historia;
- en segunda persona: el lector es un personaje de la historia;
- en tercera persona: hay un narrador por fuera de la historia.

5) Organiza tus pensamientos.

6) Revisa y edita.

Cuando hayas terminado de escribir, ve hasta el principio y corrige los errores mecánicos, lógicos o semánticos.

a) Ahora crea en tu cuaderno un cuento corto sobre cualquier tema. Utiliza todos los recursos literarios que conoces y dale rienda suelta a tu imaginación. Usa este espacio para tus primeras ideas, después escribe tu cuento en tu cuaderno.

La palabra del experto

¿CÓMO FOMENTAR LA LECTURA EN ADOLESCENTES? [...]

El fomento de la lectura y el avance en la interpretación son los dos grandes ejes de la adquisición de la competencia literaria. [...]

¿Por qué generar hábitos?
[...]
¿Qué entendemos por hábito? Describimos al hábito como cualquier comportamiento reiterado en el tiempo. El hábito necesita de poco o casi ningún raciocinio, pues es un comportamiento aprendido que se fomenta mediante la práctica de la acción.

¿Por qué es bueno pensar a la lectura como un hábito?
El hecho de aprender a leer cada día permite ir generando un importante bagaje cultural. No se plantea una lectura sin pensar en lo que leemos, sino más bien en no cuestionar los beneficios de la lectura.

Pasos para el fomento de la lectura

1) Delimitar un tiempo para la lectura autónoma y silenciosa
Generar el espacio en el aula para que TODOS LEAN es uno de los puntos centrales de la iniciativa. Es importante construir en torno a los libros un espacio transversal, que involucre libros de todas las áreas, para poder captar el interés de los diferentes alumnos. [...]

2) Dinamizar el tiempo dedicado a la lectura
Utilizar tiempos de encuentro en torno a la lectura es otra buena forma de generar un gusto por leer.
- Compartir de gustos lectores [...].
- Leer en voz alta, potenciando la lectura expresiva. [...]
- Reforzar la autoimagen como lector [...].
- Expandir los espacios de la lectura [...].

Disponible en: https://www.guioteca.com/adolescencia/como-fomentar-la-lectura-en-adolescentes-7-tecnicas-valiosas/.
Acceso en: 31 mayo 2019.

BIOGRAFÍA

Paula Campos
Licenciada en Comunicación Social y Periodismo de la Universidad de Santiago de Chile, coordinó misiones de verano de la Congregación del Verbo Divino, estudia Psicología en la Universidad de Buenos Aires, Argentina, complementa sus estudios de comunicación y psicología con un Magíster en Problemáticas Sociales Infantojuveniles (UBA).

CAPÍTULO 4

Atando cabos

LOS LIBROS ELECTRÓNICOS EN LAS BIBLIOTECAS PÚBLICAS DE ANDALUCÍA: AMPLIANDO LAS POSIBILIDADES DE LECTURA

¿Acudiría usted a su biblioteca pública para que le prestaran unas gafas para leer si tiene dificultades de visión, o un reproductor de DVD si necesita visualizar una película? Este es un argumento que se ha utilizado por algunos críticos para posicionarse en contra del préstamo de dispositivos de lectura electrónica (*e-readers*) en las bibliotecas públicas.

Sin embargo, la mayoría de los profesionales que trabajan en estos centros culturales, saben que éste es un servicio estratégico que ya está empezando a definir el futuro de nuestras bibliotecas. Y es que a fecha de hoy son ya más de 1.100 aparatos de lectura electrónica los que se prestan por parte de alguna biblioteca pública en nuestra Comunidad Autónoma, como se puede ver consultando el catálogo de la Red de Bibliotecas Públicas de Andalucía (RBPA).

[...]

Un testimonio de primera mano es la noticia recogida en el informativo de CANAL SUR sobre esta novedosa experiencia: Préstamos de libros electrónicos en la biblioteca pública de Huelva.

Como novedad podemos indicar que 36 bibliotecas municipales andaluzas han sido premiadas en la última edición de los Premios María Moliner 2011 de animación a la lectura, instituidos por el Ministerio de Cultura en colaboración con la FEMP. A todas esas bibliotecas, además de una colección de libros infantiles y juveniles, este año como novedad también se les ha suministrado 3 dispositivos de lectura electrónica (*e-readers*), un signo inequívoco de hacia dónde se orientan los nuevos hábitos de lectura. Un total de 120 nuevos dispositivos incorporados al Catálogo de la RBPA por esta vía.

Como vemos en esta radiografía, el servicio de préstamo de dispositivos de lectura es ya una realidad común que se facilita desde muchas de nuestras bibliotecas. Pero hay que empezar a ser conscientes que lo que realmente demanda ahora la sociedad, y los profesionales que trabajan en las bibliotecas públicas, es el acceso a los contenidos, y en concreto a las novedades editoriales que se publican en formato electrónico.

Hoy en día es habitual ver leer a muchas personas un libro en formato electrónico, en lugar de uno en papel. Si hasta ahora, las bibliotecas públicas representaban el acceso gratuito e igualitario a la cultura y a los libros, en el nuevo entorno digital lo deben seguir defendiendo si cabe con más fuerza.

Antonio Agustín Gómez Gómez
Director de la Biblioteca Pública del Estado-Biblioteca Provincial de Huelva
Disponible en: http://www.juntadeandalucia.es/cultura/blog/%E2%80%9Clos-libros-electronicos-en-las-bibliotecas-publicas-de-andalucia-ampliando-las-posibilidades-de-lectura%E2%80%9D/. Acceso en: 26 jul. 2019.

¡Descubre más!

¿Sabes que existen sitios *web* en donde puedes bajar libros gratis para leer?

En español:

- www.libroteca.net/

En portugués:

- http://catracalivre.com.br/geral/livro/indicacao/50-classicos-da-literatura-para-baixar-gratuitamente/

EN EQUIPO

1 **Forma un grupo con otros 4 compañeros y haz en tu cuaderno una investigación acerca de los incentivos gubernamentales para la lectura en nuestro país. Preséntala a tu clase. Usa el espacio siguiente como borrador.**

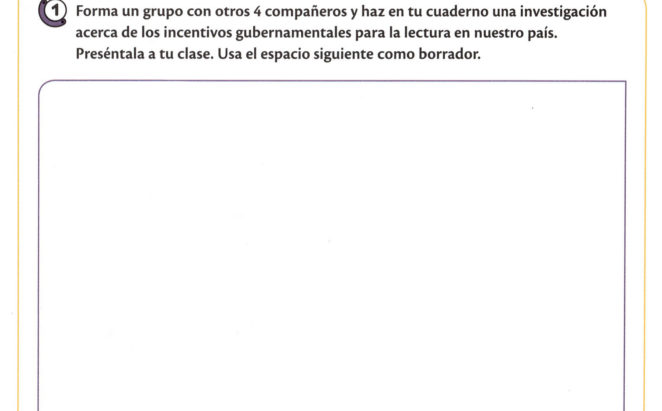

AHORA TE TOCA A TI

 Lee la siguiente entrevista y luego reescríbela en el discurso indirecto.

> **Reportero:** ¿Señor Martínez, qué cosas nos tiene preparadas para el próximo año?
> **Entrevistado:** Para el próximo año haré una nueva exposición con fotografías de varios lugares del mundo, donde mostraré solamente los rostros de los habitantes de cada pueblo distante que visité. Eso será para el primer semestre, en el segundo semestre estaré retirado porque iré a fotografiar pingüinos en la Antártida.
> **Reportero:** ¡Qué interesante! ¿Cómo define sus fotografías?
> **Entrevistado:** Es difícil definir mi trabajo en solo algunas palabras, incluso porque cada producción tiene su propia historia, pero un punto en común es que me gusta mostrar aspectos resaltantes de la naturaleza de los lugares que visito, me gusta mostrar las bellezas naturales de cada lugar que a veces contrastan con la miseria que se vive en esos pueblos. Siempre he sido muy sensible con ese tema.
> **Reportero:** ¿Qué mensaje manda a los jóvenes que se están formando para ser artistas?
> **Entrevistado:** Que el arte es un estilo de vida, que el arte sí te permite trabajar y vivir de él, solo que deben ser disciplinados y tener paciencia. Yo me siento muy orgulloso de ver cuántos jóvenes están formándose y teniendo cada vez más interés por el arte. Mi consejo es que sigan adelante, venciendo las adversidades.
>
> Texto elaborado con fines didácticos.

_____
_____
_____
_____
_____
_____
_____
_____
_____
_____

2 Une las frases de la primera columna con su definición en la segunda columna.

a) Libro de ficción, generalmente dramático y extenso, donde hay una historia con personajes detallados.

b) Libro que cuenta hechos reales del pasado y sus conexiones con el presente.

c) Libro de ficción, que ubica su relato en un contexto histórico específico que define la conducta de sus personajes.

d) Libro con dibujos animados en formato de cuadros que cuentan historias cortas, generalmente graciosas o que dejan alguna moraleja.

e) Libro que recopila informaciones de diferentes disciplinas, generalmente utilizado en el medio académico.

f) Libro de ficción que cuenta historias de manera sucinta, corta, sin detallar tan profundamente sus personajes.

○ Novela
○ Novela histórica.
○ Enciclopedia.
○ Cuento.
○ Historieta o cómic.
○ Histórico.

3 Escribe POR QUÉ, PORQUÉ o PORQUE en las siguientes frases según corresponda.

a) ¿_____ no viniste ayer a clases?

b) La familia está de luto _____ murió el abuelito.

c) Nunca entendí el _____ de ese impuesto abusivo.

d) Después de darle todas las explicaciones, todavía me pregunto _____ estaba de mal humor.

e) Lucía, le preguntó a su padre: "¿_____ no ha venido mi madre contigo?"

4 Complete las frases con las palabras entre paréntesis.

a) El profesor explicó (el examen, ser en forma de test) _____

b) Carla me dice en su carta (ella, pasárselo muy bien en Nápoles) _____
_____

c) Sofía dice (de pequeña, ella, ir todos los veranos a Grecia) _____
_____

d) Como había nacido en Roma, Lucía decía siempre (ella, ser italiana) _____

UNIDAD 4
NO ME GUSTA EL FRÍO

Nevando.

Lluvioso.

Hay mucho viento.

Soleado y seco

||| EN ESTA UNIDAD |||

- Conoceremos los tipos de clima, las calamidades naturales, los meses del año, las fases de la luna y los elementos geográficos.
- Recordaremos el futuro simple o imperfecto.
- Aprenderemos el futuro perfecto.
- Estudiaremos el participio pasado.

1 ¿Cuál es el clima ideal para ti? Te presentamos algunas opciones de clima. ¿Cuál es tu preferido? ¿Cómo te gustaría que fuera cada estación del año?

_____

_____

_____

Hay neblina.

Soleado y húmedo.

¡Prepárate!

1 Conversa con tus compañeros sobre los temas a continuación.

a) ¿Cómo es el clima donde vives? ¿Te gusta el clima de tu ciudad?

b) ¿El clima interfiere en tu vida? ¿Cuál es tu clima favorito?

c) ¿Pensaste en vivir en algún otro lugar? ¿Qué sería importante para la elección de ese lugar?

2 Vamos a ver sobre qué conversan Elba y Agustín. ¿Qué pasa?

Elba: ¿A que no sabes la novedad?

Agustín: ¿Qué?

Elba: Mi hermana fue becada para estudiar en España.

Agustín: ¡Qué lindo! ¿En qué parte de España?

Elba: En Santiago de Compostela, en Galicia.

Agustín: ¿No hace mucho frío allá?

Elba: Ella me dijo que Santiago de Compostela está en el extremo norte de España. En verano hace calor, y en el invierno hace hasta los 10 °C bajo cero, lo que para los europeos no es mucho, pero para nosotros sí, es muy frío. Dice que llueve mucho en algunas épocas del año. Pero a mi hermana le gusta el frío, así que no será un problema lo del clima.

Agustín: Para mí lo peor de vivir en otro país es el clima. Para mí, vivir en un lugar con poco sol y mucho frío sería horrible y cambiaría totalmente mi humor. No podría vivir bien.

Elba: A mí no me molestaría eso. Yo tendría miedo de vivir en esos locales que tienen calamidades naturales como terremotos, tsunamis o huracanes. Eso sí me molestaría.

Agustín: ¿Y estas cosas ocurren en Galicia?

Elba: ¡Yo que sé! Espero que no.

a) ¿Quién va a viajar y adónde?

_____

b) ¿Por qué va a vivir ahí la hermana de Elba?

_____

c) ¿Cómo es el clima en esa ciudad?

_____

_____

d) ¿Qué clima le gusta a la hermana de Elba?

e) ¿Es la misma opinión que tiene Agustín?

PARA AYUDARTE

Tiempo atmosférico

Está lloviendo.   Está nevando.   Está nublado.   Hace calor.

Hace frío.   Hay sol.   Hay viento.   Hay niebla.

Hay tormenta.   El granizo.   El cielo.   El hielo.

El rayo.   El viento.   El trueno.   La lluvia.

La nieve.   Las nubes.   Las estrellas.

¡Practiquemos!

 ¿Estuviste alguna vez en alguna situación de calamidad natural? Si sí, cuéntala a la clase. Si no, charla acerca de una calamidad natural que ocurrió en el mundo y te marcó.

PARA AYUDARTE

Calamidades naturales

El ciclón.

El deslizamiento de tierra.

El diluvio.

El huracán.

El incendio forestal.

El terremoto.

El tifón.

El tornado.

El tsunami.

La erupción volcánica.

La granizada.

La inundación.

La sequía.

La tormenta de nieve.

La ventolera, la ventisca.

¿Consultas normalmente los pronósticos del tiempo para saber cómo será el día siguiente? ¿O cuando tu familia va de viaje? ¿Por qué? Vamos a ver el pronóstico para la Ciudad de México.

| AHORA | CUIDAD | MUNDO | CULTURA | ECONOMIA | BIEN ESTAR |

Pronóstico del tiempo

Localidad - Tiempo Actual
Ciudad de México, México
Condiciones actuales — °C | °F
13 DE JUNIO DE 2019, 15:43 (TIEMPO LOCAL) DE MMMX

Parcialmente nublado		26°C Se siente: 26°	
Sensación térmica:	26°	Cielo:	Ilimitado
Índice de calor:	26°	Visibilidad:	8 km
Punto de rocío:	-1°	Velocidad del viento:	11 km/h
Humedad:	17%	Dirección del viento:	30° (NNE)
Presión:	1022 mb	Ráfagas del viento:	

Pronóstico para hoy

17:00 Parcialmente nublado 24°
18:00 Parcialmente nublado 23°
19:00 Parcialmente nublado 22°

Pronóstico 7 días – °C | °F

jue	vie	sáb	dom	lun	mar	mié
octubre 3	octubre 4	octubre 5	octubre 6	octubre 7	octubre 8	octubre 9
Parcialmente nublado	Parcialmente nublado	Mayormente soleado	Parcialmente nublado	Chubascos	Chubascos dispersos	Chubascos dispersos
24° 12°	26° 13°	26° 13°	24° 13°	24° 12°	24° 12°	24° 12°

Ilustrações: João P. Mazzoco

Texto elaborado con fines didácticos.

___
___
___
___
___
___

Bolígrafo en mano

1 ¿Te agrada el pronóstico para la Ciudad de México? Consulta el clima de tu ciudad para mañana y completa el pronóstico en español.

Sensación térmica:		Cielo:	
Índice de calor:		Visibilidad:	
Punto de rocío:		Velocidad del viento:	
Humedad:		Dirección del viento:	
Presión:		Ráfagas del viento:	

Pronóstico 7 días — °C | °F

jueves	viernes	sábado	domingo	lunes	martes	miércoles

2 Pasado un día, di si el pronóstico se cumplió.

PARA AYUDARTE

Calamidades naturales

El chubasco. El rocío.

Meses del año

Enero, febrero, marzo, abril, mayo, junio, julio, agosto, septiembre, octubre, noviembre, diciembre.

Fases lunares

Luna nueva, cuarto creciente, luna llena, cuarto menguante.

 ¡Practiquemos!

1 Imagina que vives en la Ciudad de México. De acuerdo al clima, ¿qué actividades planificarías para la semana que está en el pronóstico del tiempo? ¿Qué ropa usarías?

2 A partir de cada imagen, nombra el lugar y escribe las informaciones sobre él, escogiendo los elementos correctos del recuadro. Antes, mira el modelo a seguir.

> Patagonia • Amazonia • Desierto de Atacama • sequía
> vientos • mucho calor • frío extremo • tornados • nevada • ciclones
> tsunamis • lluvias • inundaciones • escarcha • deslizamientos
> tormenta de nieve • tormenta de granizo • viento fuerte • huracanes
> tifones • erupciones volcánicas • terremotos • nieve

a) En Bolivia.

La Paz. Aquí nieva mucho en invierno. A veces llueve mucho en verano. No hay sequías ni ciclones, pero a veces hay inundaciones y deslizamientos de tierra.

b) En Argentina.

c) En Brasil.

d) En Chile

CAPÍTULO 2

¡Lengua!

Futuro simple o imperfecto

Fíjate:

• No **será** un problema para ella.   • ¿Te agrada el clima que **hará** mañana?

El **futuro simple** o **imperfecto** en español es muy parecido al del portugués. Fíjate en las conjugaciones de algunos verbos.

	Viajar	Ir	Ser	Hacer
Yo	viajaré	iré	seré	haré
Tú	viajarás	irás	serás	harás
Él/ella/usted	viajará	irá	será	hará
Nosotros/as	viajaremos	iremos	seremos	haremos
Vosotros/as	viajaréis	iréis	seréis	haréis
Ellos/ellas/ustedes	viajarán	irán	serán	harán

¡Practiquemos!

1. Vamos a hablar de vacaciones de sueños. Completa a continuación con el verbo en futuro imperfecto y con uno de los elementos geográficos que sugerimos en esta página y en la siguiente. Sigue el modelo.

Julieta **viajará** a una **isla** en sus próximas vacaciones. (viajar)

a) Hernando y yo _____ los bosques de la Patagonia este invierno. (conocer)

b) Si podemos, _____ al _____ de Magallanes. (llegar)

c) (Nosotros) _____ la visa para visitar también el _____ de Malvinas. (pedir)

d) (Nosotros) _____ en una excursión al _____ de Atacama en Chile. (ir)

Estrecho de Magallanes.

Archipiélago de Malvinas.

PARA AYUDARTE

Elementos geográficos

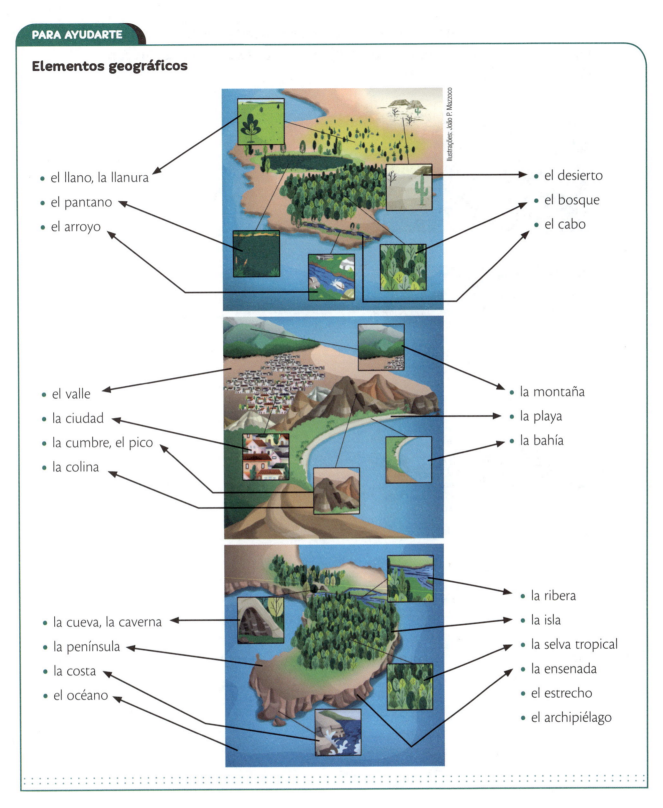

- el llano, la llanura
- el pantano
- el arroyo

- el desierto
- el bosque
- el cabo

- el valle
- la ciudad
- la cumbre, el pico
- la colina

- la montaña
- la playa
- la bahía

- la cueva, la caverna
- la península
- la costa
- el océano

- la ribera
- la isla
- la selva tropical
- la ensenada
- el estrecho
- el archipiélago

 ¡Practiquemos!

 ¿Cuáles de esos elementos están presentes en la zona en que vives? Charla con tus compañeros.

2 Observa los siguientes lugares. ¿Cuáles de los elementos geográficos mencionados anteriormente están presentes en las imágenes? ¿Qué lugares de tu país con características similares conoces?

a) México.

b) Atacama, Chile.

c) San Andrés, Colombia.

A escuchar

1 Escucha el pronóstico del tiempo y une cada lugar con su pronóstico.

a) 85% de humedad.
b) Húmedo, tormentas tropicales.
c) Vientos muy fuertes, olas elevadas.
d) Inestabilidad del clima, tormentas torrenciales en la montaña.
e) Tiempo seco y frío.
f) Chaparrones y mucho calor.
g) Nevadas intermitentes.

- ◯ San Juan, Puerto Rico
- ◯ Malabo, Guinea Ecuatorial
- ◯ Patagonia, Argentina/Chile
- ◯ Madrid, España
- ◯ Quito, Ecuador
- ◯ Managua, Nicaragua
- ◯ Cartagena, Colombia

2 Escribe V para verdadero y F para falso, según corresponda.

a) ◯ Se esperan tormentas tropicales a 134 km al sur de Managua.

b) ◯ Hace mucho calor en Madrid, producto de la masa de aire caliente.

c) ◯ Decretan alerta naranja en Cartagena por fuertes vientos.

¡Lengua!

Formas de hablar del futuro

> a) Futuro imperfecto o simple:
> - Este fin de semana **la terminaré**.
>
> b) Presente simple con proyección al futuro próximo:
> - Sí, ahora mismo **la termino**.
>
> c) Presente continuo con proyección al futuro inmediato:
> - Sí, ahora mismo **la estoy terminando**.

¡Practiquemos!

1 Estos tres tiempos verbales ya los trabajamos a lo largo de esta colección. Contesta las siguientes preguntas con las tres formas demostradas arriba.

a) ¿Cuándo vas a Córdoba? / El próximo fin de semana iré a Córdoba. / Voy ahora a Córdoba. / Estoy yendo ahora mismo a Córdoba.

b) ¿Terminaste de comer para empezar a estudiar?

_____

_____

_____

c) ¿Cuándo finalizaremos el trabajo?

_____

_____

_____

CAPÍTULO 3

Futuro perfecto de indicativo

Fíjate:

Juan: ¿Por qué está desconectada la computadora?

Luisa: No lo sé. Se **habrá cortado** el contacto con Internet o **habrá habido** algún otro desperfecto.

Juan: ¡Ay, caramba! Necesito mandar un mensaje electrónico antes de las dos de la tarde.

Luisa: ¡Bueno, no te preocupes! Para esa hora, creo que ya la **habrán arreglado**.

El futuro perfecto expresa:

a) una acción que tendrá lugar en el futuro y que puede ocurrir en un cierto momento en el futuro. Quedará más claro si incluimos una expresión de tiempo que muestre que se trata del futuro. Ejemplos:

- Antes de las dos de la tarde ya la **habrán arreglado**.
- A esta hora mañana **habremos llegado** a Recife.

b) la suposición de una acción que ocurrió en el pasado y que ignoramos o desconocemos con exactitud. Ejemplos:

- Se **habrá caído** la conexión con la red de Internet.
- **Habrá habido** un desperfecto grave.

Estructura del verbo en el futuro perfecto

Pronombre	Verbo haber en futuro perfecto de indicativo	Verbo en participio pasado
yo	habré	salido
tú	habrás	regresado
él/ella/usted	habrá	ido
		venido
		partido
nosotros/as	habremos	estudiado
vosotros/as	habréis	dormido
ellos/ellas/ustedes	habrán	cenado
		comido
		tomado

80

¿Qué es el participio pasado?

Muy parecido a lo que pasa en portugués, el participio pasado, en español, se produce sacando la terminación del infinitivo y agregando en su lugar **-ado,** cuando el verbo termina en **-ar**, o **-ido,** cuando termina en **-er** o en **-ir**.

Ejemplos:

- amar   amado
- aprender   aprendido
- salir   salido

Cuando la raíz acaba en vocal, hay que agregar un acento a la **i** final, para que cada vocal sea pronunciada separada de la otra.

Ejemplos:

- caer   caído
- leer   leído
- traer traído

Algunos participios pasados son irregulares. Los participios irregulares más usados son:

Verbo	Participio pasado
abrir	abierto
decir	dicho
escribir	escrito
hacer	hecho
morir	muerto
poner	puesto
soltar	suelto
ver	visto
volver	vuelto

¡Practiquemos!

1 Llena los espacios en blanco con el verbo correcto en futuro perfecto de indicativo.

a) Si Gabo y Nina no están en el apartamento, es porque _____ a hacer compras. (ir)

b) ¿Quiénes se _____ todo el queso? (comer)

c) Supongo que _____ las camas antes de que volvamos a casa. (arreglado/ustedes)

81

d) ¿A dónde se _____ tu hermano? (ir)

2 Ahora completa los diálogos con el futuro imperfecto.

a) — Mañana (nosotros) _____ a la terminal de ómnibus a comprar los pasajes. (ir)

— (Nosotros) ¿_____ tiempo de comprar también una valija nueva? (tener)

b) — Temo que no (yo) _____ antes de las ocho de la noche. (llegar)

— Entonces (tú) _____ directamente a tu casa, ¿no? (ir)

3 Ahora coloca las formas de futuro perfecto e imperfecto de los verbos a continuación.

a) Ver (tú): _____

b) Tener (yo): _____

c) Pasar (él/ella/usted): _____

d) Salir (ellos/ellas/usted): _____

e) Entrar (vosotros/as): _____

f) Llegar (nosotros/as): _____

g) Llamar (ellos/ellas/ustedes): _____

h) Recibir (tú): _____

i) Mandar (él/ella/usted): _____

j) Resolver (ellos/ellas/ustedes): _____

k) Partir (yo): _____

l) Cantar (nosotros/as): _____

m) Correr (vosotros/as): _____

n) Hacer (él/ella/usted): _____

Bolígrafo en mano

1 Comenta con tus compañeros y tu profesor sobre tus próximos proyectos a corto, mediano y largo plazo. Utiliza las estructuras aprendidas del futuro para cada caso. Después, escribe tus planos en el cuaderno.

Por qué deberías salvar la selva amazónica

Los bosques tropicales o selvas amazónicas son conocidos como los pulmones de la Tierra. Sus diversas capas de vegetación, que son hábitats de miles de plantas y animales, producen cantidades enormes de oxígeno que permiten al mundo respirar y absorber el dióxido de carbono. Sin embargo, estos espacios están muriendo. Y con ellos, nosotros.

La selva amazónica es la selva tropical más extensa del mundo, con más de un millón de hectáreas y formada por varios países, como Colombia, Ecuador, Brasil, Venezuela y Perú. Este enorme y fascinante espacio es hogar de más de diez millones de especies. Sí, ¡diez millones! Mientras en Europa hay unas 600 especies de mariposas, por ejemplo, en tan solo un parque natural de Perú se pueden encontrar unas 1300.

Algunas de estas especies son pájaros como el tucán o el colibrí, réptiles como la boa constrictor o el dragón de Komodo, anfibios como la rana de árbol, insectos como la tarántula, mamíferos como el delfín del amazonas, el oso hormiguero, los chimpancés, el perezoso o el murciélago de la fruta, y miles de especies distintas de flores y plantas medicinales.

Está claro que son fascinantes, llenos de vida y de color, pero desgraciadamente, como nuestros océanos, son espacios que se encuentran en peligro.

¿Por qué se está destruyendo la selva amazónica?

La razón principal (65%) responde a la necesidad de "limpiar" espacios de bosque para poder construir ranchos de ganado. En el documental Cowspiracy dan datos más exactos al respecto, pero la historia se resume en que la demanda en la industria cárnica (y láctea) es tan masiva que se necesitan espacios igualmente masivos para satisfacer una dieta claramente insostenible.

También existen otras razones por las que se crean incendios y se talan árboles, como por ejemplo la agricultura de monocultivos, la construcción de carreteras (para hacer el acceso a ranchos y el transporte de madera más fácil), la industria de la madera, la industria del papel, la explotación de recursos, minerales y energía, la construcción de presas hidroeléctricas, o la industria del turismo (no responsable).

Este estado de la selva amazónica también implica peligro para nosotros como especie, ya que a medida que avanza la deforestación, también lo hace el cambio climático, pues faltan cada vez más árboles para absorber el excesivo dióxido de carbono de la atmósfera. Y, al mismo tiempo, los efectos del cambio climático se hacen visibles en sequías y agravación de incendios. Y todo esto sin entrar en el tema de derechos humanos y justicia social que está perjudicando directamente a las distintas culturas y sociedades indígenas.

Cristina Santos. *La Vida Uve*. Disponible en: https://www.lavidauve.com/2016/05/porque-deberias-salvar-la-selva.html. Acceso en: 26 jul. 2019.

Cultura en acción

LAS BELLEZAS NATURALES DE CENTROAMÉRICA HISPANOHABLANTE

HONDURAS

Consola tropical de Roatán en Honduras.

Río Cangrejal, en el Parque del Pico Bonito en Honduras.

EL SALVADOR

La Puerta del Diablo vista desde la ciudad de Panchimalco.

La villa de Panchimalco vista desde La Puerta del Diablo.

OCÉANO PACÍFICO

NICARAGUA

La Ruta del Café, Nicaragua.

Kayaking en la floresta tropical de Mangrove, Nicaragua.

OCÉANO ATLÁNTICO

Mar de las Antillas

COSTA RICA

Bosque en las montañas de Costa Rica.

Laguna Botos, Costa Rica.

PANAMÁ

Volcán Baru, Panamá.

Lago Gatún, Panamá.

AHORA TE TOCA A TI

1) Utiliza las palabras de la caja para completar las frases.

> soleado • lluvioso • frío • neblina • viento • seco

a) ¡Uff! ¡Qué calor! Este verano llegó con todo. Tenemos que tomar mucha agua, está muy _____.

b) Belinda, hoy no es un buen día para salir en falda o vestido, hay mucho _____.

c) El día está bello, la playa llenísima, no olvides ponerte protector solar, está bastante _____.

d) Conduce con cuidado, Otto, hay mucha _____ y es difícil ver a los otros carros.

e) ¿Viste que comenzó a nevar en el sur? Me encanta el _____ de esa región.

f) Olvidé mi paraguas, me voy a mojar todo, y lo peor es que el tiempo continuará _____ el resto de la semana.

2) Vamos a hablar de unas vacaciones de sueños. Completa con el verbo en futuro imperfecto de indicativo. Sigue el modelo.

a) Los arroyos **estarán** helados en esa época del año. (estar)

b) _____ en medio de la llanura pampeana. (nosotros / estar)

c) _____ cuidado al llegar al área de los pantanos. (nosotros / tener)

d) _____ en la cordillera durante dos semanas. (quedarse)

e) _____ en la bahía, cerca del prado. (nosotros / acampar)

f) El paisaje _____ más lindo cuando llegue la primavera. (quedar)

g) La ciudad _____ llena de turistas en pocos meses. (estar)

h) _____ de Argentina a Uruguay por la ribera del río del mismo nombre. (nosotros / pasar)

3 Llena los espacios en blanco con el verbo correcto en futuro perfecto de indicativo.

a) Te parece que hoy por la tarde ya habrás _____ la tarea? (terminar)

b) Pienso que ahora vosotros habréis _____ el problema. (entender)

c) ¿Me habrá _____ las llaves donde le pedí? (dejar)

d) Son las 11 de la noche y seguramente la función ya habrá _____. (terminar)

e) ¿Quién habrá _____ la puerta de la calle abierta? (dejar)

f) ¿Habrán _____ juntas tu mamá y tu abuela? (salir)

4 Ahora, completa la tabla con las formas de futuro perfecto e imperfecto de los verbos a continuación.

	Futuro imperfecto	Futuro perfecto
Poner (yo)	pondré	
Secar (tú)		habrás secado
Hacer (vosotros/as)	haréis	
Hablar (él/ella/usted)	hablará	
Reconocer (ellos/ellas/ustedes)		habrán reconocido
Saludar (yo)		habré saludado
Ver (tú)	verás	
Cortar (nosotros/as)		habremos cortado
Llamar (ellos/ellas/ustedes)	llamaremos	
Estudiar (vosotros/as)		habréis estudiado
Conseguir (nosotros/as)	conseguiremos	
Almorzar (él/ella/usted)		
Ver (tú)		

¡NO TE OLVIDES!

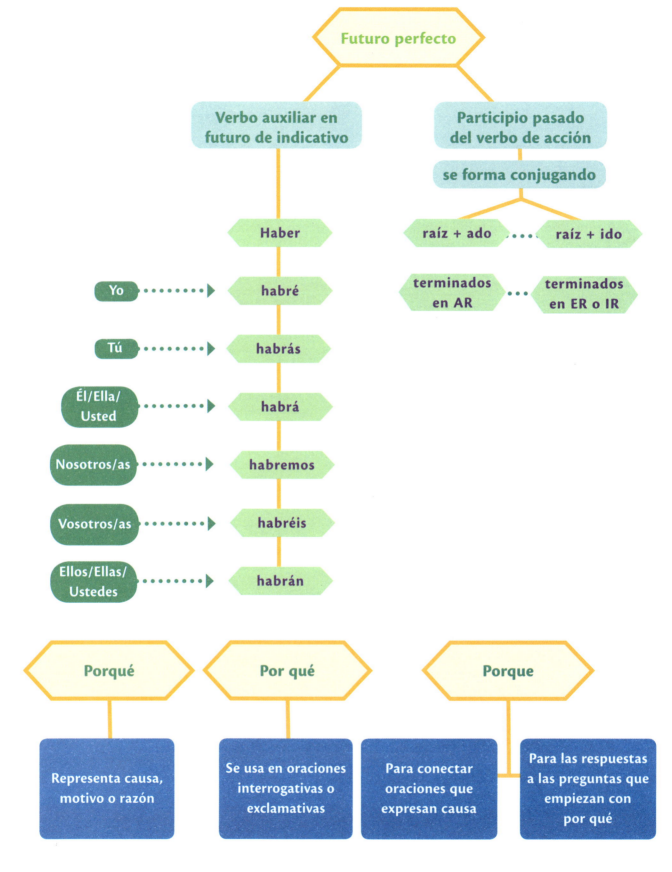

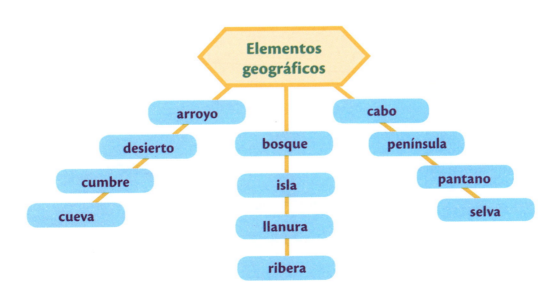

REPASO

 1 Busca los aspectos relacionados a clima y fenómenos naturales en la siguiente sopa de letras. Son siete.

M	E	N	A	S	N	O	P	L	F	D	S	T	U	I
T	W	E	T	R	A	P	O	J	R	T	E	N	O	L
G	H	N	U	B	L	A	D	O	N	B	V	U	L	S
N	K	T	V	B	O	L	E	E	P	Y	U	T	S	O
T	A	D	S	C	X	V	I	L	U	N	T	O	N	L
S	E	R	T	O	J	E	O	L	A	C	I	N	T	E
U	A	C	I	U	Y	E	R	T	A	S	F	G	H	A
N	E	R	N	I	A	D	E	L	O	N	O	T	E	D
A	A	D	U	D	B	C	I	C	L	O	N	S	A	O
M	E	N	F	T	R	I	A	O	C	R	O	N	T	E
I	F	I	E	L	P	E	F	T	U	N	I	O	C	X
J	H	I	N	U	N	D	A	C	I	O	N	G	D	S
V	R	E	D	F	X	Z	C	V	B	N	T	U	I	O
Q	U	I	F	T	D	E	R	C	V	B	N	O	I	M
A	Q	W	T	U	T	O	R	M	E	N	T	A	D	C

2 Llena los espacios en blanco con el verbo correcto en futuro perfecto de indicativo.

a) Supongo que lo _____ en chiste. (decir/ellas)

b) ¿_____ ladrones a la casa? (entrar)

c) Creo que a esta hora ya _____ la mesa, ¿no? (poner/ella)

d) ¿No _____ la carta, no? Es una correspondencia privada. (abrir/ellos)

e) ¿Quién _____ tan tremendas estupideces? (escribir)

f) ¿_____ bien todo lo que ella me dijo? (entender)

3 Ahora completa con los futuros perfecto e imperfecto.

a) Abuelo, ¿usted ya se _____ antes de las tres, no? (yo) Lo _____ a buscar a las 4. (preparar, pasar)

b) La semana que viene (yo) _____ a casa de mis amigos. Nos _____ mucho. (llegar, divertir)

c) Mañana por la mañana ya me _____ a mi hermano. (Yo) _____ mis dudas. (encontrar, resolver)

d) Ya sé que (nosotros) no _____ a tiempo. Mi papá se _____ en el camino. (llegar, perder)

e) Dentro de cinco años ya _____ el curso y me _____ a Rio de Janeiro. (terminar, ir)

f) Hasta el año que viene (yo) _____ una nueva técnica. Me _____ en el concurso. (aprender, inscribir)

g) Esta tarde nos _____ los documentos. (Nosotros) _____ temprano mañana. (devolver, viajar)

h) El próximo jueves (yo) _____ de Córdoba a Catamarca. (Nosotros) _____ más de 500 km. (viajar, andar)

i) ¿(Tú) _____ con tus padres antes del domingo? (Nosotros) _____ que comprar los boletos rápido. (hablar, tener)

4 Llena los espacios vacíos de las frases siguientes con las formas adecuadas de POR QUÉ, PORQUÉ o PORQUE.

a) Julia estudia día y noche _____ quiere ser profesora.

b) No sabemos el _____ de tanta discusión.

c) Ellas no saben _____ no aprobaron en los exámenes.

d) No vamos al *show* _____ no hay colectivos a esa hora de la noche.

e) No conozco el _____ , ¿cuál es el motivo por el cual no vinieron a visitarnos?

Universidade Federal de Santa Catarina – UFSC
Vestibular 2013

COCINA REGIONAL ESPAÑOLA

La cocina de España es la cocina de sus regiones. La sabiduría popular de sus gentes que con el paso del tiempo han sabido sacar lo mejor de la tierra de cada lugar y mejorar día a día cada uno de sus platos.

Una inmensa riqueza antropológica y cultural proyectada en la extrema diversidad de las tierras de España. Una pequeña porción de tierra que integra diversidad de mares, montañas, llanos, valles, zonas boscosas húmedas y verdes con territorios secos, desérticos. La diversidad climática con las peculiaridades y costumbres de las gentes de España.

Incluso los platos típicos más generalizados en todo el territorio (guisos como el cocido, las alubias, etc.) tienen una peculiar versión en cada lugar. No hay región, incluso provincia, comarca o pueblo que no destaque en la excelencia de un producto, de un plato.

Pueblos extremeños, murcianos, riojanos, cántabros, gallegos, catalanes, madrileños, vascos, navarros, andaluces, valencianos, aragoneses, manchegos, leoneses, canarios, castellanos, asturianos... que han sabido transmitir de padres a hijos las recetas de sus abuelos, recetas que cada día se mejoraban con una idea, una necesidad, un consejo de un tercero... ¡Qué patrimonio gastronómico más impresionante! ¡Qué tesoro!

Si se tuviera que elegir la cocina más destacable del panorama gastronómico español quizás se acaba cometiendo una injusticia. Durante años la franja verde norte (Galicia, Asturias, Cantabria y País Vasco) ha gozado de un gran predicamento y atractivo en toda España.

Efectivamente, tanto por la materia prima: marisco, pescado y carnes, como por la excelente cocina, tan reconocida en todo el mundo como la vasca, la cocina norteña es en su integridad suculenta, generosa, rica y enormemente atractiva. No se queda atrás el litoral mediterráneo. Un entorno marino con personalidad propia y una cocina saludable de productos frescos de la huerta y ricos arroces que se extienden por Cataluña, Castellón, Valencia, Alicante, Murcia, Almería... Pero no se puede excluir una sola región de la excelencia.

Recordar los asados castellanos, la tremenda originalidad de la cocina manchega, el atractivo y sabiduría de un gazpacho andaluz, unas migas extremeñas un cordero al chilindrón, o una sencilla tortilla de patatas... Bendito sea cada rincón de la cocina de estas tierras y benditas sus increíbles recetas, tan indicativas de la singularidad y personalidad de España.

Disponible en: <www.euroresidentes.com/Recetas/cocina-regional/espana.htm>.
Acceso en: jul. 2014.

1) La lectura del texto nos permite afirmar que:

a) se trata de un texto destinado exclusivamente a cocineros o chefs.
b) el texto presenta informaciones sobre la gastronomía hispano-americana.
c) se trata de un texto destinado a lectores interesados en la diversidad gastronómica de España.
d) el texto alude a la excelencia de productos y platos de diversas regiones de España.
e) las gentes de las diversas regiones de España transmiten de padres a hijos las recetas de sus abuelos.

2) Señale las ideas presentadas en el último párrafo del texto 1.

a) Algunas regiones españolas tienen mayor destaque en su gastronomía.
b) Cada región de España – la franja verde norte y el litoral mediterráneo, por ejemplo – tiene su atractivo. Por esa razón, todas se destacan en el panorama gastronómico.
c) Comparar la gastronomía española con la de otros países europeos sería una injusticia.
d) La franja verde norte de España se destaca en la gastronomía debido también a su materia prima.
e) El litoral mediterráneo se queda atrás de la región norteña, ya que su cocina no es tan saludable.
f) En el litoral mediterráneo se puede disfrutar de una gastronomía saludable de productos frescos de la huerta.

3) Considerando el sentido en el texto 1, los verbos subrayados HAY, HA GOZADO y RECORDAR podrían ser sustituidos, respectivamente, por:

a) ocurre, ha extrañado, olvidar.
b) ocurre, ha padecido, olvidar.
c) existe, ha disfrutado, rememorar.
d) está, ha gustado, evocar.
e) está, ha disfrutado, evocar.
f) existe, ha usufructuado, rememorar.

Disponible en: <www.vestibular2013.ufsc.br/provas-e-gabaritos/>. Acceso en: jul. 2014.

4) Lea el fragmento sacado del texto 1, señalando las afirmaciones verdaderas en cuanto a explicaciones gramaticales.

"Efectivamente, tanto por la materia prima: marisco, pescado y carnes, como por la excelente cocina, tan reconocida en todo el mundo como la vasca, la cocina norteña es en su integridad suculenta, generosa, rica y enormemente atractiva."

a) El párrafo se inicia con un adverbio de modo.
b) La construcción subrayada señala una comparación de igualdad.
c) La forma "su" es el único pronombre posesivo presente en el periodo.
d) "Efectivamente" y "enormemente" son adverbios de modo que enfatizan las informaciones presentadas por el autor.
e) Los adjetivos "suculenta", "generosa", "rica" y "atractiva" son utilizados para calificar los pescados y las carnes del norte de España.

UNIDAD 5
EL CONSUMISMO

||| EN ESTA UNIDAD |||

- Hablaremos acerca del consumismo.
- Hablaremos sobre el consumo responsable.
- Conoceremos las reglas de género de los sustantivos e adjetivos.

1 ¿Sabes qué es ser consumista? Lee la definición a continuación y después habla con tu compañero sobre lo que has entendido.

Consumismo

El consumo de bienes y servicios es imprescindible para satisfacer las necesidades humanas, pero, cuando se supera cierto umbral, se transforma en consumismo. El consumo no depende del dinero que disponga el individuo, sino más bien de su predisposición a comprar. Se basa en personas que practican el acto de consumir por consumir, sin ser algo necesario, ni imprescindible.

¿Necesitas todo lo que consumes? ¿Es lo mismo necesitar que desear?

Necesitar se basa en lo mínimo que una persona necesita para sobrevivir; y desear es un capricho de cada persona, es más que lo necesario para sobrevivir.

Sergio Ranalli/Pulsar Imagens

Ingram Publishing/iStockphoto.com

||| ¡Prepárate! |||

1 ¿Te consideras una persona consumista? ¿Sabes lo que es ser consumista? ¿Cada cuánto tiempo tú y tus familiares cambian de aparato celular? ¿En tu casa separan la basura para reciclar? ¿Qué cantidad de desperdicios reciclables juntan en tu casa?

2 ¿Qué pasa en el diálogo?

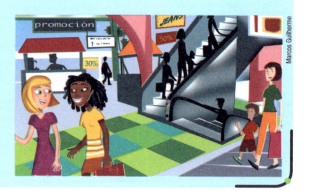

Mónica: Ayer la convencí a mi mamá a comprarme un nuevo aparato celular. Este modelo nuevo, ¿lo conoces?

Beatriz: No. ¿Y qué pasó con el tuyo? ¿Lo perdiste?

Mónica: No, está perfecto. Pero quiero uno nuevo.

Beatriz: Pero, ¿por qué? ¡Si el tuyo es nuevo!

Mónica: Porque tiene mejor tecnología y más colores, y ¡porque me gusta!

Beatriz: No me parece bien, Mónica. Me parece que eres una consumista, eso sí.

Mónica: ¿Por qué consumista?

Beatriz: Porque estás haciendo esta compra de vicio, sin necesidad.

Mónica: Uf, ¡qué pesada!

a) ¿Qué quiere comprar Mónica?

_____

b) ¿Cuál es la opinión de Beatriz acerca de esa compra?

_____

c) ¿Cuáles son los motivos que Mónica da para la nueva adquisición?

_____

d) ¿Cuál es la opinión de Beatriz sobre Mónica?

_____

3 ¿Qué te pasa? Charla con tu compañero sobre los temas a continuación.

a) ¿Te gusta tener muchas cosas? ¿Eres consumista?

b) ¿Realmente usas todo lo que compras? ¿Sabes el valor de las cosas que tienes?

4 ¿Has oído hablar de la sustentabilidad? Lee sobre este tema.

¿POR QUÉ LOS NIÑOS SON LOS REYES DEL CONSUMISMO?

¡OJO EN LA LENGUA!

De acuerdo con un estudio sobre las tendencias del consumismo en este 2017, se destacan los motivos por los que se está criando una generación adicta a las marcas.

Estamos criando niños consumistas, esto de acuerdo con un estudio titulado "Las 10 principales tendencias globales de consumo para 2017".
¿Las razones? El hecho de que los pequeños están asumiendo roles de adultos a una menor edad, dice la autora de este estudio, Daphne Kasriel-Alexander, quien es consultora de tendencias de consumo de Euromonitor Internacional.
De acuerdo con la especialista, un claro ejemplo de esto son aquellos centros donde los niños juegan a ser grandes.
"Un factor detrás de la creciente influencia de los niños en los patrones de consumo es el hecho de que están asumiendo roles de adultos a una menor edad", se lee en el estudio.
Además, las demandas familiares son las causantes de que los más jóvenes inicien en el consumismo a temprana edad pues los padres hacen más partícipes a los niños en las decisiones de compra y buscan la opinión de sus hijos, además de que los sitios de internet exponen a los niños a oportunidades de compra que los harán caer en el inicio de una relación de consumo, señala la autora.

Disponible en: https://expansion.mx/dinero/2017/01/25/por-que-los-ninos-son-los-reyes-del-consumismo. Acceso en: 26 jul. 2019.

¡Practiquemos!

1 Busca en el texto palabras masculinas y femeninas y transcríbelas aquí.

Masculinas	Femeninas

¡DESCUBRE MÁS!

Las palabras **sustentabilidad** o **sostenibilidad** pueden parecer muy poco interesantes, pero, en los años en que vivimos, conocer y estudiar a fondo el tema es fundamental para crear conciencia ambiental y social.

Para saber más sobre el asunto, accesa los sitios siguientes:

https://seresponsable.com/category/desarrollo-sustentable/

http://www.psicologiaypnl.com/educar-los-ninos-la-sostenibilidad/

Géneros de los sustantivos

Fíjate:

¿Cuál es el género de cada una de estas palabras? ¿Estás seguro?

- bosque
- juguete
- ropa

En español, como en portugués, se da a todas las palabras un género (masculino o femenino), por lo cual es necesario saber en cada caso cuál es ese género para usar correctamente los artículos, pronombres y adjetivos que corresponden, que cambian según el mismo.

a) En general, son masculinos:

- sustantivos terminados en **-o.** Ejemplos: el vient**o**, el gat**o**, el maestr**o**, el perr**o**, el libr**o**.
  Excepciones: **la moto** y **la foto**, que provienen de las palabras **motocicleta** y **fotografía**.
- sustantivos terminados en **-or.** Ejemplos: el dol**or**, el cal**or**, el col**or**, el sab**or**, el am**or**.
  Excepción: **la flor**.
- sustantivos terminados en **-aje.** Ejemplos: el cor**aje**, el vi**aje**, el pas**aje**, el bag**aje**.
- sustantivos terminados en **-an.** Ejemplos: el capit**án**, el tit**án**.
- nombres de accidentes geográficos, como ríos, mares, océanos o montañas. Ejemplos: el Paraná, el Sena, el Ebro, el Támesis, el Mediterráneo, el Atlántico, los Andes, los Pirineos, el Everest.
- nombres de los colores. Ejemplos: el azul, el rojo, el gris, el verde, el amarillo, el naranja.

Pero, igual que en portugués, algunas palabras masculinas terminan en **-a**:

- nombres que terminan en **-ma**. Ejemplos: el te**ma**, el siste**ma**, el proble**ma**.
- o algunas otras palabras. Ejemplos: el día, el mapa.

b) En general, son palabras de género femenino:

- sustantivos que terminan en **-a**. Ejemplos: la sal**a**, la niñ**a**, la gat**a**, la sill**a**, la ventan**a**, la manzan**a**, la cocin**a**.
- sustantivos terminados en **-dad**, **-tad** y **-ed**. Ejemplos: la ver**dad**, la liber**tad**, la par**ed**, la mi**tad**, la igual**dad**.
- sustantivos que terminan en **-ción**, **-sión**, **-zón**, **-dez** o **-iz**. Ejemplos: la ra**ción**, la pa**sión**, la ra**zón**, la honra**dez**, la estupi**dez**, la per**diz**.
  Excepción: el cora**zón**.

- nombres de las enfermedades que terminan en **-tis**. Ejemplos: la hepeti**tis**, la artri**tis**, la oti**tis**, la coli**tis**.

Y también:

- muchos sustantivos que terminan en **-e**. Ejemplos: la clas**e**, la torr**e**, la suert**e**, la muert**e**, la call**e**.

- los nombres de las letras. Ejemplos: la a, la be, la ce, la de, la e, la efe, la ge, la hache, la i, la jota, la eñe, la equis etc.

Particularidades

En español – como en portugués – se usa el masculino plural de los sustantivos para designar un conjunto de seres u objetos iguales de ambos géneros. Ejemplos:

- Llegaron de visita un **amigo** y una **amiga**. Son **amigos** de infancia de mi hermano.

- Mis tíos tienen un **niño** y una **niña**. Son unos **niños** muy simpáticos.

A veces, esa regla vale incluso cuando el masculino y el femenino son diferentes. Ejemplo:

- El padre es actor, y la madre, una actriz famosa. Los padres son actores muy conocidos.

Algunos sustantivos, como ocurre en portugués, terminan igual en la forma masculina y en la femenina:

- los nombres terminados en **-ista**. Ejemplos: el/la ten**ista**, el/la art**ista**, el/la golf**ista**.

- los nombres que terminan en **-nte**. Ejemplos: el/la estudia**nte**, el/la canta**nte**, el/la ama**nte**.

- los gentilicios terminados en **-í** o en **-ú**. Ejemplos: el/la paquistan**í**, el/la israel**í**, el/la iraqu**í**, el/la guaran**í**, el/la hind**ú**.

- algunos sustantivos como: el/la atleta, el/la modelo, el/la policía, el/la joven, el/la profeta, el/la testigo.

Otros substantivos, al cambiar el género, cambian también de significado:

Masculino	Femenino
el capital: cantidad de dinero o de riquezas	la capital: ciudad principal de un territorio
el cólera: la enfermedad	la cólera: la ira, la rabia
el cura: el sacerdote	la cura: el remedio de un mal
el frente: la parte de adelante	la frente: parte de la cara, arriba de los ojos
el guía: el que orienta o dirige	la guía: mapa de la ciudad

Géneros de los adjetivos

Los adjetivos concuerdan en género —y también en número— con el sustantivo. Como ocurre con el sustantivo, si el adjetivo se refiere a varios nombres y uno de ellos es masculino, el género será masculino.

Y siguen más o menos las mismas reglas o excepciones que vimos antes para los sustantivos:

- Adjetivos terminados en **-e**. Ejemplos: fuert**e**, inteligent**e**, gigant**e**, verd**e**, calient**e**, grand**e**, amabl**e**.
- Adjetivos gentilicios que terminan en **-a**, **-e** o **-í**. Ejemplos: belg**a**, costarricens**e**, marroqu**í**.
- Adjetivos que terminan en consonante. Ejemplos: magistra**l**, genia**l**, azu**l**, gri**s**, corté**s**, marró**n**.
- Adjetivos que terminan en **-ista.** Ejemplos: perfeccion**ista**, material**ista**.
- Adjetivos comparativos terminados en **-or**. Ejemplos: inferi**or**, superi**or**, men**or**, may**or**, mej**or**, pe**or**.

 ¡Practiquemos!

1 Coloca el artículo correspondiente (EL o LA) en los adjetivos a continuación.

a) _____ olor

b) _____ rey

c) _____ tijera

d) _____ sal

e) _____ bondad

f) _____ coche

g) _____ postre

h) _____ reloj

i) _____ cárcel

j) _____ abogada

k) _____ dosis

l) _____ emoción

m) _____ viaje

n) _____ cliente

o) _____ amistad

p) _____ árbol

q) _____ color

r) _____ nariz

s) _____ sonrisa

t) _____ nube

u) _____ detective

v) _____ bosque

CAPÍTULO 3

Bolígrafo en mano

1. Entrevista a tu compañero sobre el consumismo y, después, compártelo con la clase.

¡No mientas!	Amigo:_____
¿Cuántas veces por día piensas en comprar algo? ¿Eso incluye bienes materiales, comida, bebida, servicios etc.?	
¿Cuántas horas por día trabajan tus padres? ¿Por qué tienen que trabajar esa cantidad de horas?	
Piensa en 5 cosas o servicios que quieres tener y cuéntales a tus compañeros por qué quieres tener esos bienes.	
Sé honesto y piensa en 5 cosas o bienes que tienes en tu casa y que fueron adquiridos, pero no son utilizados.	

2. Te proponemos una investigación. Pregunta a tus padres cuánto gastan en:

¿Gastas mucho dinero?	Gastos
alimentación	
educación	
vivienda	
salud	
transporte: los gastos en ómnibus o taxi (o en el auto, si lo tienen).	
comunicación	
diversión	

- ¿Cuántas personas viven en tu casa? Toma el valor de los items comunes y divídelos por ese número. Suma a tus gastos individuales y encontrarás tu valor de gasto total.

___

3 Ahora piensa en un plan para ser más económico en tus gastos. ¿Qué puedes hacer para ayudar en casa? Escríbelo acá.

___

A escuchar

1) Escucha y contesta las preguntas.

a) ¿En qué tipo de lugar están?
- ◯ papelería   ◯ supermercado   ◯ cine

b) ¿Cuántos chocolatines puede llevar Raquel?
- ◯ 2   ◯ 10   ◯ ninguno

c) ¿De qué producto llevan la recarga?
- ◯ chocolate   ◯ limpia vidrios   ◯ cuadernos

d) ¿En qué van a poner las compras?
- ◯ recarga   ◯ bolsas plásticas   ◯ cajas

e) ¿Cuántos cuadernos quiere llevar Carlos?
- ◯ 0   ◯ 3   ◯ 1

f) ¿Qué sugiere la madre de Carlos?
- ◯ Que Carlos lleve los 3.   ◯ Que Carlos lleve 2.   ◯ Que Carlos lleve solo 1.

g) Los cuadernos son caros.
- ◯ verdadero   ◯ falso

h) Con el dinero de 2 cuadernos no se compra una entrada de cine.
- ◯ verdadero   ◯ falso

2) ¿Qué te parecen las actitudes de Carlos y Raquel? Escucha el diálogo otra vez y escribe en el cuaderno tus impresiones.

3) Charla con tus compañeros y después responde: ¿Qué pueden hacer para reducir el consumo innecesario?

_____

_____

CAPÍTULO 4

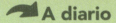 Soy ciudadano

El consumo

Cada día gastamos dinero para comprar todo tipo de cosas -comida, ropa, juguetes, etcétera- o para pagar servicios, como un viaje en autobús o la electricidad de casa.

A diario
Todas las cosas que compramos o pagamos forman parte de nuestro consumo.

Las dos caras
La sociedad actual nos impulsa a comprar muchas veces más de lo que necesitamos. Para algunas personas consumir puede llegar a convertirse en una obsesión.

Producir y consumir
Los que producen cosas reciben un pago a cambio, que se destina a pagar a sus empleados o para cubrir sus necesidades.

En todas partes
El consumo forma parte de la economía, la de tu ciudad, la de tu país y la del mundo.

Para la sociedad
El consumo es un proceso económico necesario para el sustento de la sociedad de hoy. Es como una rueda en la que participamos todos.

Con cuidado
Consumir no es malo, pero hay que aprender a consumir solo lo que realmente se necesita, y mejor si son productos respetuosos con el medio ambiente.

¿QUÉ ES EL CONSUMO RESPONSABLE?

Es la elección de los productos y servicios no solo en base a su calidad y precio, sino también por su impacto ambiental y social, y por la conducta de las empresas que los elaboran. El consumo responsable implica consumir menos, eligiendo solo lo necesario.

Antes de comprar algo piensa si realmente lo necesitas. Quizá puedas intercambiarlo por alguna cosa que ya no uses.

Productos locales
Elige productos producidos o fabricados cerca de donde vives. Así reducirás la cantidad de combustible que se necesita para transportarlos.

Productos ecológicos
En el caso de los alimentos, elige los que procedan de agricultura ecológica, ya que se han cultivado de forma respetuosa con el medio ambiente.

Reciclables
Siempre que puedas, compra los productos a peso. Si llevan envase, elige los que sean fácilmente reciclables, como vidrio, papel o envases biodegradables.

104

¡Practiquemos!

1 ¿Cuáles son las características del consumo responsable? Completa las características con las siguientes palabras.

> solidario • ecológico • consciente • saludable
> socialmente justo • crítico • sostenible

a) Es un hecho _____, ya que es premeditado y antepone la libre elección a la presión de la publicidad y a las modas impuestas.

b) Es _____ ya que se pregunta por las condiciones sociales y ecológicas en las que ha sido elaborado un producto o producido un servicio.

c) Es _____ al prevenir el derroche de los recursos naturales, ya que una producción masiva degrada el medio ambiente.

d) Es _____ porque fomenta un estilo de vida basado en hábitos alimenticios sanos y equilibrados y en la compra de productos de calidad y respetuosos con el entorno.

e) Es _____ ya que reducir el consumo innecesario puede mejorar la calidad de vida del planeta y el equilibrio ambiental y se generarán menos residuos.

f) Es _____ con otros pueblos y con las generaciones futuras, puesto que se respetan los derechos de unos y se aseguran los de los otros.

g) Es _____ ya que se basa en los principios de no discriminación y no explotación.

EN EQUIPO

En grupos, hagan en el cuaderno una investigación acerca del consumismo en el mundo. ¿Cuáles son las estadísticas? ¿Cuáles son las preocupaciones acerca del consumismo exagerado? Investiguen también acerca de las medidas que su país propone para una vida más sostenible. Presenten su estudio para la clase.

¡DESCUBRE MÁS!

Conoce más acerca del consumo responsable:

- https://elordenmundial.com/sociedad-de-consumo/
- http://www.infocop.es/view_article.asp?id=491

AHORA TE TOCA A TI

1 Coloca el artículo correspondiente (EL o LA) en los adjetivos a continuación.

a) _____ puente

b) _____ miércoles

c) _____ cuchillo

d) _____ ave

e) _____ guante

f) _____ color

g) _____ pantalón

h) _____ coraje

i) _____ legumbre

j) _____ mensaje

k) _____ estreno

l) _____ lunes

m) _____ análisis

n) _____ origen

2 Escribe la forma femenina o masculina de las palabras a continuación.

a) hermano _____

b) amigo _____

c) hija _____

d) chico _____

e) alumno _____

f) niño _____

g) novia _____

h) tía _____

i) señor _____

j) lector _____

k) conductor _____

l) padre _____

m) papá _____

3 Elije el artículo más apropiado.

a) túnel
- ○ el   ○ la

b) tigre
- ○ el   ○ la

c) ajo
- ○ el   ○ la

d) telegrama
- ○ el   ○ la

e) mano
- ○ el   ○ la

f) alma
- ○ e   ○ la

g) amor

- ◯ el   ◯ la

h) banco

- ◯ el   ◯ la

i) guardarropa

- ◯ el   ◯ la

j) collar

- ◯ el   ◯ la

k) ancla

- ◯ el   ◯ la

l) avenida

- ◯ el   ◯ la

④ Completa el crucigrama con las palabras adecuadas.

Horizontales

② Que obra según justicia y razón.
④ De buena salud, de aspecto sano.
⑤ Perteneciente o relativo a la crisis.
⑥ Perteneciente o relativo a la ecología.

Verticales

① Que siente, piensa, quiere y obra con conocimiento de lo que hace.
③ Adherido o asociado a la causa, empresa u opinión de alguien.
⑦ Un desarrollo económico sin ayuda exterior ni merma de los recursos existentes.

107

UNIDAD 6
LA MÚSICA

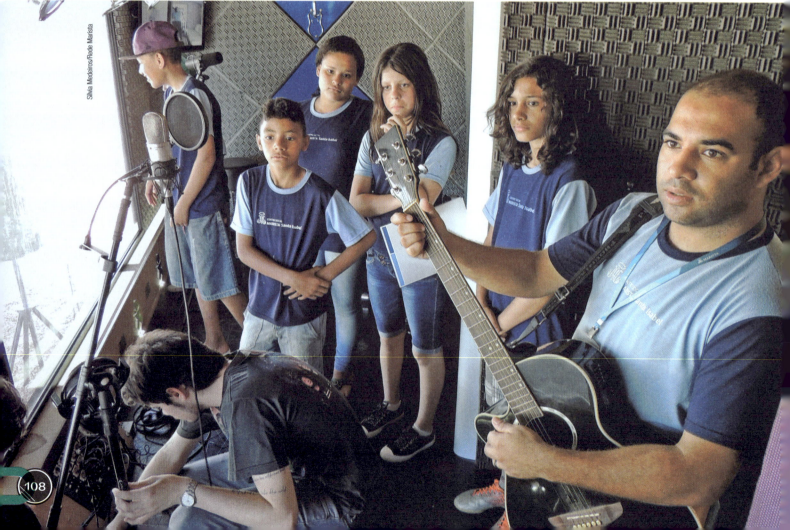

||| EN ESTA UNIDAD |||

- Hablaremos de los tipos de música existentes en Latinoamérica.
- Aprenderemos a escribir una reseña.
- Conoceremos los instrumentos musicales.
- Aprenderemos el subjuntivo.

1 ¿Te gusta la música? ¿Qué tipos de música?

2 ¿Tus grupos de música preferidos son nacionales? ¿De qué nacionalidades son?

3 ¿Te gusta bailar también, o solo escuchar?

¡Prepárate!

 1 ¿Qué te pasa? Charla con tus compañeros sobre los temas a continuación.

a) ¿Te gusta Kate Perry? Y el grupo Calle 13, ¿lo conoces? ¿Te gusta?

b) ¿En qué tipo de aparato escuchas música?

c) ¿A tus amigos les gusta el mismo tipo de música que te gusta a ti?

Katheryn Elizabeth Hudson es Katy Perry, autora de los éxitos "I Kissed a Girl" y "Hot N' Cold".

Calle 13 es una banda de música urbana de Puerto Rico, encabezada por René Pérez Joglar y su hermano Eduardo Cabra Martínez.

2 Escucha el diálogo siguiente.

Esteban: ¿Qué escuchan, chicas?

Sofía: Katy Perry. ¿Ya escuchaste la nueva?

Esteban: Ni la nueva ni la vieja. Esto no es música.

Sofía: ¡¡Uh!! ¡Qué mal educado! ¿Qué te gusta oír, bonito?

Esteban: Calle 13; Hip Hop sí es música.

Ana: Gusto es gusto. Si a todos nosotros nos gustara lo mismo sería medio aburrido, ¿no les parece? Tal vez yo escuche a ese grupo para conocerlo.

Esteban: Es necesario que escuches con el corazón.

Sofía: Eso siempre. Todas las músicas las escuchamos con el corazón. De cualquier forma, te prohíbo que hables mal de Kate Perry.

Esteban: Tampoco hablaré bien.

Sofía: Lo que yo sé es que los gustos musicales cambian. A mi hermana mayor hace dos años le gustaban unos grupos musicales que ahora no puede ni escuchar. Me regaló todos los CDs.

Esteban: ¿Y tienes donde rodar CD todavía?

Sofía: Los pongo en la computadora y después los paso al iPod. Pero también tenemos un aparato porque a mis padres les gustan los CDs.

Esteban: En mi casa soy el único que escucha música. Y obviamente el único que toca también.

Ana: ¿Sigues con las clases de bajo?

Esteban: Sí, estamos por formar una banda con unos amigos.

Ana: Ah, qué bien, ahí sí. Vamos a tus presentaciones toques lo que toques. Que para eso están los amigos.

Esteban: Oye, ¿y si a tu hermana le vuelve el mismo gusto musical y te pide los CDs de vuelta?

Sofía: No creo que vuelva al mismo gusto. Ya es grande ahora.

¿Qué pasa?

a) ¿Qué música están escuchando las chicas? _____

b) ¿Qué opinión tiene Esteban? ¿Qué música le gusta a él?
_____

c) ¿Cuál de ellos toca algún instrumento? ¿Cuál instrumento? _____

 Pon en pares el nombre correspondiente del cuadro a cada instrumento que verás a continuación.

> armónica • contrabajo • flauta
> teclado • guitarra eléctrica • acordeón
> pandereta • piano • saxofón • bajo • violín

_____   _____   _____   _____

_____   _____   _____   _____

_____   _____   _____

- Ahora, organízalos en uno de los grupos de la tabla.

Los instrumentos musicales		
Instrumentos de cuerda	**Instrumentos de viento**	**Instrumentos de percusión**

111

¡Lengua!

Presente de subjuntivo

> **Fíjate:**
> - De cualquier forma, te prohíbo **que hables** mal de Kate Perry.
> - No creo que **vuelva** al mismo gusto.
>
> Si el indicativo es el modo que mejor expresa la realidad, podemos decir que el **subjuntivo** es el modo de la irrealidad, o de la realidad vista por las emociones, o por las opiniones y los juicios de valor de una persona.
>
> Para ello, al iniciar la oración y antes del subjuntivo, se usan verbos en el modo indicativo que expresan voluntad, órdenes o prohibiciones. Ejemplos:

- De cualquier forma, te *prohíbo* **que hables** mal de Kate Perry.
                                   indicativo   subjuntivo

- No *creo* **que vuelva** al mismo gusto.
      indicativo   subjuntivo

- *Espero* **que** mañana **haga** buen tiempo.
    indicativo   subjuntivo

- Te *pido* **que vuelvas** temprano.
     indicativo   subjuntivo

Usos del subjuntivo

El subjuntivo es usado para:

expresar órdenes, deseos, dudas, consejos o reacciones emotivas. Ejemplos:

- Os *pido* **que** me **escribáis** seguido.
- Les *prohíbo* **que hablen** tan alto.

expresar una acción que todavía no fue realizada, con las conjunciones y locuciones **cuando**, **apenas**, **después (de) que**, **en cuanto**, **hasta que**, **mientras**, **tan pronto, como** etc. Ejemplos:

- Lo *llamaré* después de que lo **piense** mejor.
- Te lo *explicaré* mejor en cuanto lo **resuelva**.

expresar un deseo. Ejemplos:

- ¡Qué **tengas** un buen día!
- ¡Qué lo **pasen** bien en el viaje!

expresar una probabilidad. Y para ello, nos ayudamos con los adverbios **quizá**, **quizás**, **tal vez**, **posiblemente** y **probablemente**. Ejemplos:

- Tal vez mi hermana **estudie** inglés este año.
- Quizás no **lleguemos** a tiempo.

expresar una opinión, un juicio de valor u obligación personal. Ejemplos:
- Es necesario que lo **hagas** más rápido.
- Es malo que nos **vayamos** antes de saludarlos.

Particularidades

Se usa el modo subjuntivo con los verbos **creer**, **pensar** o **parecer** en indicativo en las oraciones subordinadas cuando la oración es negativa. Ejemplos:

- No *parece* que me **entienda** bien.
      indicativo   subjuntivo

- No *creo* que **vuelva** temprano.
      indicativo   subjuntivo

- No *pienso* que **seas** tonto.
      indicativo subjuntivo

También usamos el modo subjuntivo con **aunque**, **a pesar de que**, **por más que** etc. Ejemplo:
- Se lo diré aunque se **enoje**.

En algunas oraciones se usa el modo subjuntivo con **como**, **cuanto**, **cuando**, **de modo que** etc. Ejemplo:
- Puedes quedarte cuanto tiempo **necesites**.

¡Practiquemos!

1) Reemplaza los verbos entre paréntesis por el modo subjuntivo.

a) Le pido que _____ de inmediato a su casa. (volver)

b) Se inscribió en un concurso para que le _____ la reforma de la casa. (hacer)

c) Contratamos a un maestro particular para que los chicos _____ mejor en inglés. (hablar)

d) Estudia día y noche para que le _____ ganar la beca. (permitir)

2) Ahora, completa las frases con los verbos del recuadro en el modo subjuntivo.

despidamos • digáis • veas • terminemos

a) Os pido que me _____ qué debo hacer ahora.

b) Es bueno que nos _____ antes de salir.

c) Es extraño que no los _____ más, ¿no?

d) Es casi imposible que _____ a tiempo.

3) Arma las frases.

a) que te marches / te sugiero / antes de la tormenta
___

b) de vuestra casa / os voy a pedir / que me deis las llaves
___

c) No quiero ni / de tus nuevas amigas / que me hables
___

d) para hallar una solución / que me apoyes / te ruego
___

e) en vez de salir / que llegue más temprano a casa / ojalá
___

f) que no pierdas / espero / el último ómnibus
___

4) Forma grupos. Cada alumno elegirá un problema entre los del recuadro a continuación y los demás deben sugerir alguna ayuda. Sigan el modelo.

Actividad oral

– Tengo que llevar muchas cosas para la escuela mañana.

– ¿Quieres que te ayude?

> – Necesito levantarme temprano mañana y tengo miedo de dormirme.
>
> – Estoy atrasado y quiero llegar a la escuela antes de las 9:00.
>
> – Tengo que hacer unas compras y me falta un poco de dinero.

5) Cuándo te toque a ti, después de las sugerencias recibidas, escríbelas aquí.

___
___
___
___
___
___

CAPÍTULO 3

A escuchar

1) Los amigos están conversando sobre sus músicas preferidas. Escucha la conversación y escribe verdadero o falso para las siguientes afirmaciones.

a) Los dos tienen el mismo gusto musical. ◯

b) A Luciano le gustan las bandas inglesas. ◯

c) Los preferidos de Mariana son MC Guimê y Pit Bull. ◯

d) A Luciano le gusta Shakira en inglés. ◯

e) A Luciano le parece un horror el gusto musical de Mariana. ◯

2) ¿Conoces a los cantantes y las bandas mencionados? ¿Cuál es tu opinión acerca de ellos?

_____
_____
_____

Bolígrafo en mano

1) ¿Sabes qué es una reseña? Mira la definición abajo.

> **¿Qué es una reseña?**
> Todas las definiciones de reseñas coinciden en dos aspectos: síntesis y análisis.
> - *Diccionario de la lengua española – Real Academia Española*: "una narración sucinta; noticia y examen de una obra literaria o científica".
> - *Pequeño Larousse ilustrado*: "una noticia y análisis somero de una obra literaria.".
>
> **¿Cómo escribir una reseña?**
> Tanto el estilo como el lenguaje, la longitud y la estructura pueden variar.
>
> **En toda buena reseña encontrarás:**
> - la identificación, la ubicación del objeto de reseña y su obra en tiempo y espacio;
> - el resumen del contenido de su obra, los temas, las ideas importantes;
> - la crítica, el juicio valorativo o crítico objetivo.

Ahora, mira la reseña musical que mostramos a continuación.

ALMA, CORAZÓN Y VIDA

Ainhoa Arteta sale más que airosa del desafío al que se enfrentaba

Le echa valor a la vida la soprano Ainhoa Arteta. Se presentaba por primera vez en los prestigiosos ciclos de Lied – veinte años ya: qué mérito – y tenía el teatro lleno hasta la bandera, algo nada fácil en estos tiempos que corren. [...]

Si se está en un ciclo de Lied, hay que dar la cara, debió pensar. Y Ainhoa Arteta optó nada menos que por *Amor y vida de mujer*, de Schumann, y por una selección de los *lieder* más famosos de Strauss, en la primera parte de su recital.

Qué valiente. Con su fraseo alemán dulce, pero nada empalagoso, y manteniendo en todo momento la fidelidad a su manera habitual de cantar. Salió más que airosa de este desafío al que se enfrentó arropada por un pianista tan seguro como el escocés Malcolm Martineau.

[...]

Ainhoa Arteta volvió a demostrar que es una artista carismática, con personalidad y coraje. Y, además, es guapa.

Disponible en: http://ccaa.elpais.com/ccaa/2013/11/19/madrid/1384901164_008630.html. Acceso en: 05 jun. 2019.

2 Elige dos de los cantantes y escribe reseñas cortas acerca de ellos.

- Shakira
- Juanes
- Violetta
- Melendi

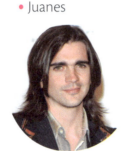

_____
_____
_____
_____
_____
_____

CAPÍTULO 4

Atando cabos

MÚSICA LATINOAMERICANA

[...]
La rica multiplicidad de la música latinoamericana, también conocida como "música latina", incluye la música de todos los países que conforma esa región, con una mescla de influencia que une elementos de música indígena, africana y clásica europea, y se presenta a través de varios géneros y con una gama enorme de compositores e intérpretes, desarrollándose desde México hasta el sur de América del Sur como un "blend" de mescla de raza, religión y elementos culturales desde el tiempo precolombino hasta los días de hoy.

La música latina se presenta a través de varios géneros: de la música simple rural del norte de México a la habanera sofisticada de Cuba; de las sinfonías brasileñas a la flauta andina de melodías simples y conmovedoras de la Cordillera de los Andes. Su expresión rítmica es muy fuerte y se divide a través de los cantos en lengua española y portuguesa, y esa diversidad está distribuida en la región como salsa, merengue, mambo, bolero, tango, rumba, calipso, cháchachá, samba, bossa-nova, además del jazz latino, bien como por la música clásica y sincopada de Heitor Villa-Lobos y del argentino Astor Piazzolla.

Una gran gama de intérpretes y compositores de talento y competencia alcanzan éxito no solo en territorio latinoamericano, como también en el panorama musical mundial; se pueden destacar algunos de sus representantes: los brasileños Cartola, Ary Barroso, Noel Rosa, Pixinguinha, João Gilberto, Tom Jobim, Heitor Villa-Lobos, Chico Buarque de Holanda, Caetano Veloso, Gilberto Gil, Milton Nascimento y Elis Regina; los argentinos Mercedes Sosa, Charly García, Astor Piazzolla y Gato Barbieri; los chilenos Victor Jara y Violeta Parra; los cubanos Celia Cruz, Pablo Milanés, Buena Vista Social Club, Ibrahim Ferrer, Omara Portuondo, Paquito D'Rivera; la costarriqueña Chavela Vargas; los mejicanos Armando Manzanero, Trio Los Panchos, Libertad Lamarque y la peruana Yma Sumac.
[...]

Disponible en: http://www.memorial.org.br/musica-latinoamericana/.
Acceso en: 8 jun. 2019.

AHORA TE TOCA A TI

1 **Reemplaza los verbos entre paréntesis por el modo subjuntivo.**

a) No creo que _____ razón en lo que nos dice. (tener)

b) Me gustaría que me _____ un poco mejor el problema. (contar)

c) Es necesario que _____ antes de las seis. (volver)

d) Ojalá que mañana _____ todo lo que te pedí. (hacer)

e) ¿No es muy tarde para que _____ a tu casa? (regresar)

f) No conozco a nadie que _____ en Nueva York. (vivir)

g) Les traje estos libros para que _____ un buen resultado en las pruebas. (tener)

h) ¿Te parece que me _____ mañana con ellos? (quedarse)

i) No creo que me _____ en España más que un año.

j) No quiero que me _____ que vas a llegar tarde.

2 **Ahora, completa las frases con los verbos en el modo subjuntivo:**

> estudien • hablen • estén • hagas vuelvan • salga • estropee • ayuden

a) Les prohíbo que _____ tan alto.

b) Ojalá que _____ esta misma semana.

c) Me gusta que _____ la tarea temprano.

d) Les pido que _____ mejor este problema.

e) Me extraña que _____ en la clase hasta tan tarde.

f) Abrid bien las ventanas para que _____ todo el humo.

g) Lávalo rápido para que no se _____ el tejido.

h) Les pido que me _____ con las tareas.

i) Te ruego que no _____ tarde esta noche.

3. Arma las frases.

a) es urgente / mejor la gramática / que estudiéis

_____

b) que lo resuelvas / hasta mañana / hace falta

_____

c) que no lo lleves / es injusto

_____

d) que vuelva hoy / es imposible

_____

e) un recuerdo / quiero / que me traigas

_____

f) que vuelva hoy / dudo

_____

4. Busca diez instrumentos musicales en la sopa de letras.

X	B	C	M	Z	C	U	P	D	V	T	G	R	S	O
T	R	M	F	U	J	O	A	G	M	J	Q	Q	D	Z
F	P	I	A	N	O	N	N	R	J	D	W	A	G	A
A	D	N	S	W	B	O	D	T	U	E	L	U	C	Q
V	R	H	B	C	V	F	E	I	R	C	J	O	P	V
K	I	R	C	L	D	O	R	A	E	A	R	W	B	S
C	G	O	A	B	N	X	E	T	L	D	B	A	A	W
B	D	G	L	T	E	A	T	F	E	S	J	A	R	V
Z	M	J	E	I	I	S	A	O	Y	O	D	C	J	U
T	X	N	P	H	N	U	N	K	T	B	W	E	F	O
Q	F	L	A	U	T	A	G	U	I	T	A	R	R	A

¡NO TE OLVIDES!

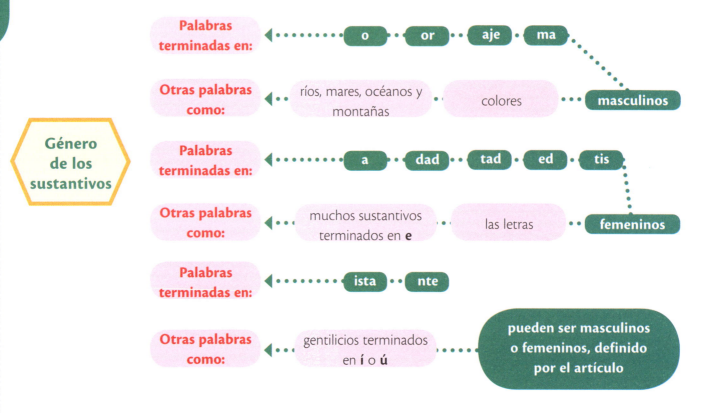

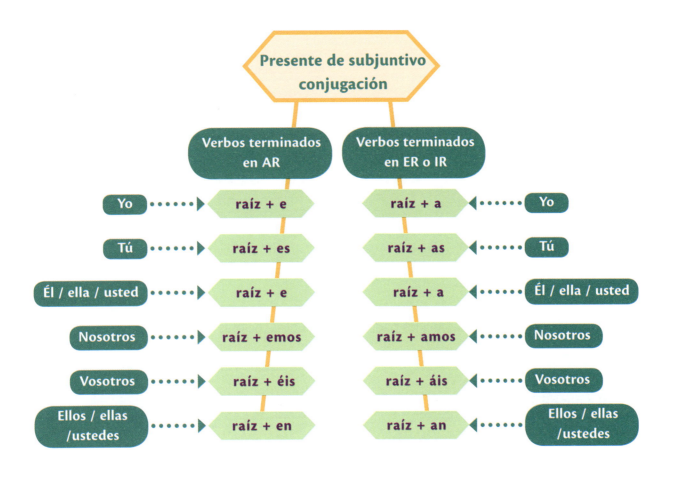

REPASO

1) Junta las dos mitades y arma las frases en tu cuaderno.

a) Vamos a instalarlo de modo • ○ cuando acabes el trabajo.

b) Volveremos • ○ apenas cuando lo termines.

c) Dímelo • ○ cuando me lo digas.

d) Hablaremos más • ○ tan pronto como sepamos algo.

e) Llámalo • ○ que nadie lo vea.

2) Arma las frases.

a) que propongan / llamaron a los padres para / nuevas mejoras

_____

b) antes de terminar el trabajo / que salgan / les prohíbo

_____

c) que no lo vendas / es absurdo

_____

d) que terminemos / a tiempo / es importante

_____

e) que mejore / su comportamiento / es lógico

_____

f) Es improbable / hoy / que lo traiga

_____

g) que no puedas / volver / es una pena

_____

Exame Nacional do Ensino Médio – Caderno Azul (ENEM/2010)

BILINGÜISMO EN LA EDUCACIÓN MEDIA

CONTINUIDAD, NO CONTINUISMO

Aun sin escuela e incluso a pesar de la escuela, paraguayos y paraguayas se están comunicando en guaraní. La comunidad paraguaya ha encontrado en la lengua guaraní una funcionalidad real que asegura su reproducción y continuidad. Esto, sin embargo, no basta.

La inclusión de la lengua guaraní en el proceso de educación escolar fue sin duda un avance de la Reforma Educativa.

Gracias precisamente a los programas escolares, aun en contextos urbanos, el bilingüismo ha sido potenciado. Los guaraní hablantes se han acercado con mayor fuerza a la adquisición del castellano, y algunos castellanohablantes perdieron el miedo al guaraní y superaron los prejuicios en contra de él. Dejar fuera de la Educación Media al guaraní sería echar por la borda tanto trabajo realizado, tanta esperanza acumulada.

Cualquier intento de marginación del guaraní en la educación paraguaya merece la más viva y decidida protesta, pero esta postura ética no puede encubrir el continuismo de una forma de enseñanza del guaraní que ya ha causado demasiados estragos contra la lengua, contra la cultura y aun contra la lealtad que las paraguayas y paraguayos sienten por su querida lengua. El guaraní, lengua de comunicación sí y mil veces sí; lengua de imposición, no.

MELIA, B. Disponível em: <www.staff.uni-mainz.de>. Acesso em: 27 abr. 2010 (adaptado).

1) **No último parágrafo do fragmento sobre o bilingüismo no Paraguai, o autor afirma que a língua guarani, nas escolas, deve ser tratada como língua de comunicação e não de imposição. Qual dos argumentos abaixo foi usado pelo autor para defender essa ideia?**

a) O guarani continua sendo usado pelos paraguaios, mesmo sem a escola e apesar dela.

b) O ensino médio no Paraguai, sem o guarani, desmerecia todo o trabalho realizado e as esperanças acumuladas.

c) A língua guarani encontrou uma funcionalidade real que assegura sua reprodução e continuidade, mas só isso não basta.

d) A introdução do guarani nas escolas potencializou a difusão da língua, mas é necessário que haja uma postura ética em seu ensino.

e) O bilinguismo na maneira de ensinar o guaraní tem causado estragos contra a língua, a cultura e a lealdade dos paraguaios ao guarani.

UNIDAD 7
¡QUE TENGAS SUERTE!

||| EN ESTA UNIDAD |||

- Aprenderemos el pretérito imperfecto de subjuntivo.
- Hablaremos sobre las supersticiones.
- Discutiremos los signos y las características de personalidad de cada uno.

1 ¿Eres supersticioso? Completa el test y descúbrelo.

a) Si rompes un espejo crees…
- ○ Que tendrás 7 años de mala suerte.
- ○ Nada en particular.

b) Los viernes 13…
- ○ Temes que pueda traerte mala suerte.
- ○ ¡Me encantan!

c) ¿Crees demasiado en tus predicciones zodiacales?
- ○ No, no las consulto jamás.   ○ Sí, creo bastante y las leo siempre.

d) ¿Buscas tréboles de 4 hojas?
- ○ ¡Sí, siempre!   ○ No, nunca recuerdo eso.

e) ¿Pasas por debajo de una escalera?
- ○ ¡Nunca paso!   ○ Sí, no le temo a eso.

Resultado:

- Si marcaste más de dos respuestas positivas: ¡No eres supersticioso! Confías en ti y no en algo que no dependa de ti mismo.
- Si marcaste más de tres respuestas negativas: ¡Eres supersticioso! Debes aprender a confiar más en ti.

||| ¡Prepárate! |||

1 ¿Crees en la suerte o mala suerte? ¿Tuviste alguna vez un día en el que te ocurrieron varias cosas malas? ¿Y qué pensaste de eso? ¿Crees en poderes sobrenaturales? Vamos a ver sobre lo que conversan Gretel y Eugenia. ¿Qué pasa en el diálogo?

Gretel: ¡Qué cara! ¿Qué te pasa?

Eugenia: Hay días que lo mejor sería volver a la cama y empezar de nuevo.

Gretel: ¿Por qué?

Eugenia: Me olvidé el trabajo de Geografía y hoy es el último día.

Gretel: Uh, ¿y ahora? ¿Hablaste con la profesora?

Eugenia: Sí, dice que puedo entregar mañana, pero que me va a sacar 1 punto por el retraso. Si yo tuviera poderes sobrenaturales, los usaría hoy, seguro.

Gretel: Bueno, no es para tanto.

Eugenia: Es que también perdí mi teléfono. Cuando crucé la calle se me cayó de la mano y un auto lo aplastó.

Gretel: Ahora me parece buena la idea de los poderes sobrenaturales.

Eugenia: Si yo fuera un hada, volvería para el día de ayer. Y pondría el teléfono y el trabajo en mi mochila.

Gretel: Lástima que esa posibilidad no existe.

Eugenia: ¿Qué no existe? ¿Los poderes sobrenaturales?

Gretel: ¡Sí, lógico!

Eugenia: Pues yo sí creo. No tengo problema en decirlo. Creo en poderes sobrenaturales, supersticiones, horóscopos, brujas, duendes, ángeles, de todo.

Gretel: ¡No puedo creerlo! Bueno, lamento decirte que ni todo eso te ayudará hoy. ¡Mejor concentrarte en la realidad, amiga!

a) ¿Qué pasó con Eugenia?

_____

b) ¿Qué haría Eugenia si tuviera poderes sobrenaturales?

_____

_____

c) ¿Cuáles son las cosas en que Eugenia cree?

_____

_____

¡Lengua!

Pretérito imperfecto de subjuntivo

Fíjate:

- **Si yo tuviera** poderes sobrenaturales, los usaría hoy.
- **Si yo fuera** un hada, volvería para el día de ayer.

Como ya vimos antes, el **modo subjuntivo** presenta la acción del verbo como posible, probable, deseable o hipotética. Los verbos en el modo subjuntivo se subordinan a otro, que aparece en el modo indicativo. Ejemplo:

- El director quiere que Jorge **explique** mejor el problema.

El **modo indicativo** expresa acciones concretas, reales y objetivas. Ejemplos:

- Estudiaba francés todas las tardes.
- Visito a mi abuela siempre que puedo.
- Fuimos a Córdoba el mes passado.

El **pretérito imperfecto del modo subjuntivo**, igual que el tiempo presente, expresa una acción hipotética, irreal, que indica que la misma debió realizarse en un tiempo anterior. Incerteza, arrepentimiento, deseos improbables e incumplidos o consejos y recomendaciones de acciones que debían cumplirse o realizarse en el pasado. Ejemplos:

- Ojalá **supiera** todo, pero no, no lo sé.
- No sabía que **tuviera** tanto éxito esa novela.

Por otro lado, el pretérito imperfecto de subjuntivo puede expresar un tiempo pasado, presente o futuro. Ejemplos:

- Tal vez ya no **estuviera** más en casa a la hora en que pasamos. (pasado)
- ¡Ojalá mis amigos **volvieran** antes de que termine la fiesta! (presente)
- ¿Qué harías si **fueras** un mago? (futuro)

Modelos de conjugación

	cantar	comer	vivir
Yo	cantara	comiera	viviera
Tú	cantaras	comieras	vivieras
Él/ella/usted	cantara	comiera	viviera
Nosotros	cantáramos	comiéramos	viviéramos
Vosotros	cantarais	comierais	vivierais
Ellos/ellas/ustedes	cantaran	comieran	vivieran

El pretérito imperfecto del modo subjuntivo es más común, tanto en Hispanoamérica como en España, con la terminación que hemos visto:

• que yo cantara, si tu volvieras.

Pero también existe con otra terminación:

• que yo cantase, si tu volvieses.

Ambas formas son correctas, aunque la que hemos mostrado es la más usada y la segunda tiene muy poco uso.

¡Practiquemos!

1) Arma las frases y reescríbelas en seguida.

a) Si Ana viniera,   ◯ Vicente se pondría muy feliz.

b) Claro que entrenaríamos mejor a los estudiantes,   ◯ si fuera una máquina.

◯ que fuéramos a su cumpleaños el domingo pasado.

c) Si tú te compraras una licuadora,   ◯ que tus amigas llegaran tan tarde.

d) Ese peón trabaja como

e) Les enfadó mucho   ◯ si tuviéramos más tiempo.

f) Alberto quería   ◯ yo la tomaría prestada seguido.

_____

_____

_____

_____

2) Usa el pretérito imperfecto de subjuntivo para escribir acerca de las cosas que harías si...

a) ganaras la lotería.

_____

b) tuvieras tres deseos de un genio.

_____

3) Elige la mejor opción que está en el cuadro.

> construyera • fastidiara • supiera
> conversarais • terminara
> estudiaras • vinierais

a) Llegaríamos más temprano a casa si la profesora de *ballet* no _____ tan tarde su clase.

b) La nena se portaría mejor si _____ más seguido con ella.

c) No me esforzaría tanto si no _____ que realmente puedo ganar ese premio.

d) Si _____ mucho la materia, no estarías con tantos problemas con tus notas.

e) Si la jefa no lo _____ tanto, Juan podría avanzar más con sus proyectos.

f) Si _____ en Navidad, todos nos pondríamos muy contentos.

g) En Perú, a un ingeniero le propusieron que _____ varios puentes en plena selva amazónica.

4) Escribe en el orden correcto.

a) el director me dijo / conseguiría mejores calificaciones / que si me preparara más
_____

b) de que encontraras / los documentos perdidos / me alegré
_____

c) como si fuera un especialista / mi hijo / organiza la computadora
_____

5) Trabajando con un compañero, contesten las preguntas utilizando el pretérito imperfecto de subjuntivo.

a) Cuando tenías seis años…

• ¿qué querías que hicieran tus padres para tu cumpleaños?
_____

• ¿creías que era fácil sacar buenas notas en la escuela?
_____

• ¿qué te pedían tus padres que hicieras siempre?
_____

CAPÍTULO 2

Atando cabos

1 ¿Qué sabes acerca de supersticiones? Lee el texto y responde las preguntas.

[...] SUPERSTICIONES DE ABUELAS LATINAS QUE TODOS ESCUCHAMOS DURANTE LA INFANCIA

Más allá de explicaciones "racionales" acerca de cómo funciona el mundo, cada cultura preserva supersticiones y fórmulas para atraer la buena suerte o ahuyentar las cosas malas, enseñadas en el seno de la familia. Todos tenemos muchas supersticiones con las que vivimos a diario, que han pasado de generación en generación por boca de nuestras abuelas y se han vuelto parte de nuestro día a día.

Y por supuesto que los latinoamericanos no somos la excepción. Parte de la belleza de ser latinos, más allá de nuestra increíblemente rica cultura, son las carcajadas que disfrutamos gracias a algunas de las supersticiones de nuestras abuelas. Hoy en día muchas de estas supersticiones nos pueden llegar a parecer incluso algo ridículo, pero por muchos años de seguro que nos las creímos y de seguro que todavía hay muchísima gente que sigue dándolas por ciertas.

A continuación te presentamos una recopilación de [...] supersticiones latinas más extrañas, y que todavía más de uno afirma que son completamente verdaderas.

1) Colocar un vaso con agua bajo de la cama para espantar al demonio y los malos espíritus. El vaso con agua tiene la función de calmar los malos espíritus que vagan por la noche y llegan a tu hogar sedientos. Así alejarás perturbaciones espirituales que alteran el sueño. Tiene la función de dar luz a quien cause esta perturbación con el propósito que deje de hacerlo.

2) Colocarle una cinta roja o hilo rojo como pulsera a los bebés contra el mal de ojo y las malas vibras. Cuando se quiere proteger al bebé del mal de ojo, en muchas culturas la práctica más difundida consiste en colocarle una cinta roja en su muñeca acabado de nacer, también se le pone un azabache entre la ropa para que no entre el poder del "ojeador".

3) Para evitar las visitas no deseadas, coloca una escoba volteada tras la puerta.

4) No colocar la cartera en el piso, porque "el dinero se te va" y te volverás pobre.

5) No dejes nunca que te barran los pies, o te quedarás para vestir santos.

6) Si tuviste una pesadilla, debes contársela a alguien apenas te despiertes, para que no se vuelva realidad.

7) Si algún insecto de color verde o tornasol entra a tu casa, es señal de buena suerte. Pero tienen que entrar solos.

8) Ver a un perro haciendo sus necesidades en el piso hará que te salga una perrilla u orzuelo en el ojo.

9) Cortarle el cabello a un bebé antes de su primer cumpleaños traerá alguna tragedia o maldición sobre la familia.

10) Tomar el salero de las manos de otra persona hará que te pase sus malas vibras.

11) Si tu bebé le sonríe a alguien que lo ha mirado, esa persona debe tocarle la frente porque de no hacerlo el niño podría enfermarse por el "mal de ojo".

12) Si un cuchillo se te cae, te visitará un hombre, y, si es un tenedor el que se cae, será una mujer.

13) Si una pelirroja te toca, tendrás buena suerte el resto de tu vida.

14) Si llegaras a romper un espejo, te tocarán siete años de mala suerte con toda seguridad.
[...]

Disponible en: http://increible.co/post/15-supersticiones-de-abuelas-latinas-que-todos-escuchamos-durante-la-infancia/11713.
Acceso en: 13 jun 2019.

2) ¿Conocías estas supersticiones? ¿Qué piensas? ¿Crees en alguna de ellas? Charla con tus compañeros.

Actividad oral

3) Responde verdadero (V) o falso (F) en las siguientes afirmaciones según el texto.

a) ( )   Para evitar las visitas indeseadas, coloca una escoba atrás de la puerta.

b) ( )   Colocarle una cinta o hilo rojo como pulsera al bebé no ayuda contra el "mal de ojo".

c) ( )   Colocar la cartera en el piso es bueno, porque te volverás rica.

d) ( )   Si se te quiebra un espejo, tendrás siete años de mala suerte.

e) ( )   Tomar el salero de otra persona no hará que te pase sus malas vibraciones.

PARA AYUDARTE

Ojalá es una de las tantas palabras de origen árabe que existen en castellano, como en el idioma portugués, que también comparte muchas de las palabras de ese origen. La palabra **ojalá** viene de la expresión *wa sha' llah* que significa "quiera Dios". Ejemplo: ¡Ay! El teléfono se perdió, ¡ojalá que lo encontrara!

4) A partir de las informaciones de esta unidad, escribe cinco frases usando la expresión "ojalá" y el pretérito imperfecto de subjuntivo. Sigue el ejemplo.

Ojalá que el tiempo volviera atrás para arreglar lo que hicimos mal.

_____

_____

_____

_____

CAPÍTULO 3

Bolígrafo en mano

1 ¿Conoces los signos? Completa los cuadros con el nombre de los signos y los adjetivos que ves abajo que mejor se encuadran en las descripciones.

Virgo • afables • versátiles • Escorpio • imparciales • pacientes
Sagitario • Libra • seguros • sociables • exigente • orgullosa
Géminis • Capricornio • tranquilos • Cáncer • Tauro • reservados
Acuario • energía • Aries • Piscis • Leo • honesto
tímidos • sincero • prácticos • simpatía • conservadores • creatividad
pesimismo • vivos • delicados • observadores • extrovertidos • inteligentes

La Astrología y su hermano, el horóscopo, son las ciencias más antiguas que estudian los astros y las relaciones entre lo que ocurre en los cielos y lo que pasa en la vida cotidiana de los seres humanos y la naturaleza de la Tierra. La palabra **horóscopo** se origina de "hora" y "scope", que quiere decir "observar". O sea, se trata de la observación de las relaciones entre la vida humana y los astros, de acuerdo a la hora de nacimiento de cada uno de nosotros.

_____

Los hay de 2 tipos en el signo de _____:

los que son sensibles y _____; y, por

otro lado, los muy seguros y _____.

Casi siempre el de acuario es muy humano,

_____, refinado e idealista.

_____

Los de _____ son

_____, pacientes y amables.

Por lo común tienen mucho tacto para tratar a los

demás y contestan siempre a los otros con mucha

_____.

 ____

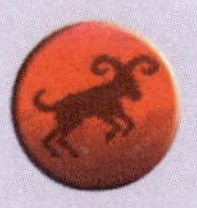

__________________: en general suelen ser los líderes del zodíaco; siempre cargados de __________________, les gusta proponerse como los más correctos y siempre mandar, mucho más que obedecer.

 ____

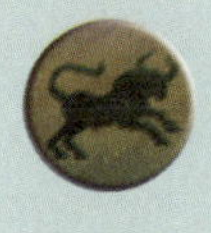

Los de __________________ son muy __________________ y, en general, bastante tranquilos; les gusta la paz y cultivan sus tradiciones. __________________, persistentes, decididos y siempre fiables.

 ____

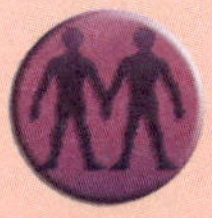

Los de __________________ son adaptables y __________________; intelectuales, elocuentes, cariñosos, comunicativos e __________________.

 ____

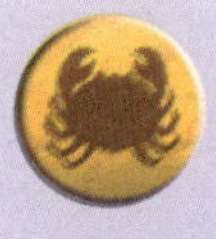

__________________: suele mezclar la inseguridad con una gran __________________. Son grandes amantes de lo tradicional y del calor del hogar y la familia.

 ____

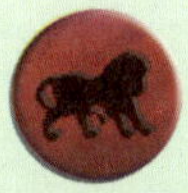

Los de __________________ son llenos de ambiciones, de gran seguridad, fuerza y creatividad. También son bastante creativos y __________________. Si un Leo es excesivamente negativo, puede llegar a ser una persona __________________ y con muy mal humor.

Ilustrações: João P. Mazzoco

______

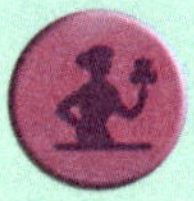

Los de ______ son muy convencionales y ______. También son sumamente ______, tímidos y, generalmente son, también, muy ______.

______

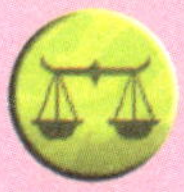

Los de ______ son amables, ______ y también muy ______; tienen muy buen gusto y también suelen ser bastante ______ cuando enfrentan algún conflicto.

______

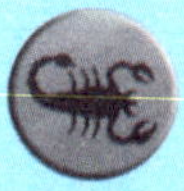

Los de ______ tienen una energía y un magnetismo muy grandes. Son ______, buenos conversadores, ______ y con un modo siempre muy cortés.

______

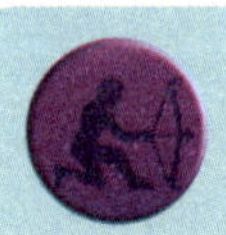

A los de ______ en general son muy ______, optimistas, sinceros y honestos. El sagitariano suele ser fiable, ______ y bueno, pero, a veces, demasiado ______ consigo mismo y con los demás.

______

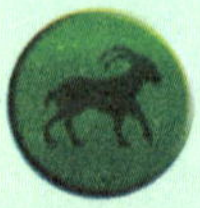

Los del signo de ______ son estables, ______ y bastante tranquilos. También son trabajadores, muy responsables y ______. En general son personas justas, aunque tienden a veces hacia la melancolía y el ______.

Ilustrações: João P. Mazzoco

2 ¿Concuerdas con las definiciones que aparecen anteriormente? ¿Por qué?

_____
_____

3 Ahora imagina que podrías inventar un nuevo signo. ¿Cómo lo llamarías? ¿Cuándo seria conmemorado? Piensa en todos los aspectos y escríbelos.

_____
_____
_____

A escuchar

Ilustrações: João P. Mazzoco

1 Escucha los diálogos y elige las opciones correctas.

a) ¿Quién habla primero?
- ○ Ana   ○ Luis

b) ¿Quién va a recibir un regalo?
- ○ Ana   ○ Luis

c) ¿Quién invita al amigo a ir al museo?
- ○ Luis   ○ Ana

d) ¿Luis puede salir con Ana?
- ○ Sí   ○ No

e) ¿Por qué Luis está prohibido de salir?
- ○ Porque está enfermo.
- ○ Porque sacó malas notas.

f) ¿Qué tipo de museo es?
- ○ Museo de Artes.
- ○ Museo de la Suerte.
- ○ Museo de la Mala Suerte.

g) ¿Qué cosas hay en el museo?

- ◯ Monedas de todos los tipos.
- ◯ Escobas de todos los tipos.
- ◯ Recuerdos de todos los tipos.

h) ¿A la madre de Ana le gusta el tema del museo?

- ◯ Sí   ◯ No

i) ¿En el museo hay colecciones de amuletos para la suerte, como tréboles de cuatro hojas?

- ◯ Sí   ◯ No

j) ¿Hay también pozos para tirar monedas adentro y saber la suerte?

- ◯ Sí   ◯ No

2 ¿Has visitado alguna exposición de objetos antiguos y relacionados con supersticiones? Escribe tu experiencia en el cuaderno y cuéntala a tus compañeros. Si no lo has hecho, escribe cómo imaginas que sería esa visita.

¡A jugar!

1 **¡Vamos a jugar el Juego de la oca!**

Instrucciones:

Cada jugador mueve su ficha por un tablero en forma de espiral que tiene 23 casillas con dibujos.

Dependiendo de la casilla en la que caiga el/la jugador/a, se puede avanzar o retroceder, pues en algunas aparece un premio y en otras, un castigo. El juego lo gana la persona que llegue antes a la casilla 23, "el jardín de la oca".

Por turnos, cada persona tira un dado, y el número que salga indica las casillas que se deben avanzar.

La oca: se dice "De oca a oca y tiro porque me toca", se avanza hasta la siguiente oca y se vuelve a tirar.

El puente: se dice "De puente a puente y tiro porque me lleva la corriente", se avanza o retrocede hasta el otro puente y se vuelve a tirar.

El pozo: no se pueden volver a tirar los dados hasta que alguien caiga en esa casilla.

Los dados: se dice "De dado a dado y tiro porque me ha tocado", se vuelve a tirar.

La cárcel: se pierden tres turnos.

CAPÍTULO 4

Atando cabos

LAS SUPERSTICIONES MÁS RARAS

En distintos grados todas creemos en ciertas supersticiones, pero hay gente que rige su vida con base en creencias, que vienen de miedos, muy extrañas.

Una superstición es una creencia irracional que viene del miedo y la ignorancia. Sea Halloween o no, muchas veces sentimos miedo de hacer algo sencillo que no representa ningún peligro evidente, como pasar debajo de una escalera, pasar la sal de mano en mano o pisar las grietas en el pavimento. Todo esto es normal, ninguna de estas supersticiones afecta nuestras actividades diarias (a menos de que trabajes en una fábrica rellenando saleros), pero ¿qué pasa cuando las personas crean supersticiones exageradas y ridículas? Ámbitos como el deportivo o la farándula están llenos de supersticiones raras que provocan serios conflictos en sus creyentes.

EN LA VIDA DIARIA

• **Un pájaro dentro de una casa**: ¿No te encanta cuando un colibrí o un gorrioncillo entran a tu casa por la ventana? Según los más supersticiosos cuando esto ocurre habrá una muerte en tu familia.

• **Atrapar una hoja en otoño**: Si un árbol está deshojándose y tu atrapas una mientras vuela, te librarás de la gripa por todo el invierno.

• **Un paraguas abierto**: Cuando entres a tu casa refugiándote de la lluvia, asegúrate de cerrar el paraguas antes de entrar... o un asesinato ocurrirá en tu casa.

• **El liguero del destino**: Advierte a tu prometido que no puede, por ningún motivo, dejar caer tu liguero mientras te lo quita durante la boda, o el matrimonio estará maldito para siempre.

• **La (súper) complejidad de las mariposas**: Si ves una mariposa amarilla, el clima será soleado o alguien va a tener un bebé; si es blanca, lloverá... o alguien morirá. Si es roja, tendrás buena salud... pero, si la mariposa entra a tu casa, alguien que conoces morirá... ¡o se casará! Y si ves a una mariposa en la noche, tu morirás.

• **La suerte de en medio**: Si tres personas son fotografiadas juntas, el de en medio morirá primero que los demás.

EN LOS DEPORTES

• **El "bautizo"**: En el beisbol, antes de usar un bat nuevo, el jugador debe escupir sobre éste para bautizarlo y darle buena suerte. En 2009 esta linda superstición se vio interrumpida por la epidemia de influenza.

• **El cocodrilo come-espíritus**: En 2008 el entrenador de un equipo de fútbol de Zimbabwe ordenó a los jugadores que se metieran en una laguna llena de cocodrilos para alejar a los malos espíritus... 17 entraron, y solo 16 salieron. Y el equipo perdió el partido.

- **La fábrica de chocosuerte**: Malvin Kamara, jugador de fútbol inglés, insiste en ver *Willy Wonka y la fábrica de chocolate* antes de cada partido que juega, porque lo pone en el "humor para jugar".
- **Pelotas de fortuna**: En el tenis es de mala suerte tener más de dos pelotas en las manos mientras se sirve.
- **Sin zapatos no**: Si alguien se va de pesca y se encuentra a una mujer descalza caminando, no logrará pescar nada.
- **11, 22, 33, 44...**: Los jugadores de fútbol prefieren escoger números dobles para su camiseta porque son de buena suerte.

EN LA FARÁNDULA

- **El nombre prohibido**: Al estar dentro de un teatro, nadie debe de pronunciar el nombre de Macbeth o alguien morirá en escena. Para "limpiar" el teatro, la persona que pronunció la palabra debe de salir, escupir en el suelo, decir groserías mientras gira 3 veces, y luego rogar que lo dejen entrar de nuevo.
- **Mucha mier...**: A cualquier artista (pintor, actor, bailarín, etc.) se le debe desear lo opuesto a lo que se quiere que obtenga. Desear "que se rompa una pierna" protegerá a una bailarina de esto mismo.
- **Azul y plata**: Es de mala suerte utilizar ropa azul en cualquier escenario, a menos de que esté acompañado del color plata, que balancea las "malas vibras".
- **La tercera vela**: Si hay tres velas encendidas en el escenario, la persona que esté más cerca a la más corta morirá primero... o se casará primero. (Parece haber una conexión entre estos dos acontecimientos... mmhh...)
- **Una noche para ellos**: Todos los teatros tienen sus fantasmas, y el escenario debe ser solo para ellos durante una noche a la semana.
- **Chiflando y despidiendo**: Si alguien chifla en un escenario, alguien (no siempre el que chifla) será despedido.

¿Conoces otras supersticiones raras? ¿Sigues alguna? Si no nos cuentas ¡tendrás mala suerte!

Disponible en: http://www2.esmas.com/mujer/dietas-y-ejercicios/psicologia/356198/supersticiones-mas-raras-extranas-miedo-halloween-deportes-farandula/. Acceso en: 6 jun. 2019.

  ¡DESCUBRE MÁS!

 EN EQUIPO

1 **Ahora investiga sobre alguna superstición que no fue mencionada en el cuadro y preséntala a la clase.**

Parte de lo bello del ser latino son las creencias de nuestros abuelos. Hoy, muchas de esas supersticiones parecen tontas, pero los chicos a veces se las creen y piensan que son verdad. Vamos a ver un poco más sobre las creencias populares y folclóricas.

- https://matadornetwork.com/es/las-8-supersticiones-mexicanas-que-mas-le-sacan-de-onda-un-europeo/
- https://lasmilmillas.com/2018/05/02/supersticiones-en-la-mesa-de-los-argentinos/
- http://classique.com.mx/supersticiones-costumbres-tradiciones-para-recibir-el-ano-nuevo/

AHORA TE TOCA A TI

1) Completa con el pretérito imperfecto de subjuntivo.

a) No nos dejaron que _____ con el grupo. (nosotros, hablar)

b) Nos sugirió que no _____ por el campo a la noche. (nosotros, caminar)

c) Esperabais que todo _____ bien, ¿no? (terminar)

d) Esperábamos que _____ unas personas más dedicadas. (ustedes, ser)

e) Si _____, podrías pasear unos días. Acá es bastante tranquilo. (tú, venir)

f) Casi le imploramos que nos _____. (él, ayudar)

g) Es posible que ellos _____ en el verano. (estar)

h) Me mandó que no te _____ manejar el auto nuevo. (yo, dejar)

2) Arma las frases y reescríbelas en seguida en tu cuaderno.

a) Mamá se alegró de ○ te apoyaríamos en tus proyectos.

b) Si supierais el secreto, ○ que encontraras un buen empleo.

c) Si me prestaras tu libro de Geografía, ○ estoy seguro de que nos lo diríais, ¿no?

d) Si vosotros supierais la respuesta, ○ estoy seguro de que no lo comentaríais.

e) Tendrían más ánimo ○ podría terminar el trabajo más rápido.

f) Si pudiéramos, ○ si durmieran más temprano.

3) Escribe en el orden correcto.

a) podrías ganar el concurso/ más horas por día, / si estudiaras

_____

b) si alguien pasara / me traería los libros / por la casa de Ana

_____

c) podríamos terminar los dibujos / mañana temprano/ si vinieras

_____

d) estoy seguro de que me ayudarías / los problemas que tengo / si supieras

_____

4 Escribe las frases en el orden correcto.

a) es una pena / venir a la clase mañana / que ustedes / no puedan

_____

b) tantos errores en la escritura / no cometería / si Regina escuchara con atención / lo que le dicto

_____

c) si alguien me fuera / vendría al paseo / a buscar a casa

_____

d) podrías alcanzar el tren / más rápido / si corrieras

_____

5 Encuentra los siguientes adjetivos en la sopa de letras.

honesta • afable • práctico • imparcial • conservador
enérgico • paciente • valiente • sincero

C	U	T	S	S	I	J	F	T	D	K	Y	F	D	E
X	O	W	P	P	I	F	W	I	N	H	J	O	A	T
T	O	N	M	E	H	N	T	K	R	T	M	R	F	N
I	F	K	S	N	U	R	C	A	N	I	D	E	A	E
Y	U	T	E	E	U	Q	N	E	N	I	L	K	B	I
Y	L	E	F	R	R	L	E	A	R	B	J	V	L	L
O	O	K	I	G	A	V	N	V	A	O	E	S	E	A
H	C	Y	E	I	S	T	A	I	K	T	W	T	F	V
M	D	I	O	C	E	B	C	D	N	V	G	U	B	E
V	U	G	T	O	K	O	W	N	O	O	B	N	Z	G
A	R	V	J	C	S	I	M	P	A	R	C	I	A	L
O	B	G	J	O	A	V	P	H	O	N	E	S	T	A
E	B	E	M	U	P	R	T	M	C	H	H	O	E	W
E	T	N	E	I	C	A	P	X	Q	D	G	P	E	W
D	V	B	T	B	O	S	N	R	K	P	Z	F	D	R

141

UNIDAD 8
¡A MI VIDA LA LLEVO YO!

||| EN ESTA UNIDAD |||

- Discutiremos sobre el tabaquismo.
- Conoceremos las reglas de acentuación.
- Hablaremos sobre el alcoholismo.
- Repasaremos los discursos directo e indirecto.

1. ¿Cuáles crees que puedan ser los efectos negativos de fumar en tu organismo? Menciona todos los que te vengan a la cabeza. ¿Por qué crees que las personas fuman? Discútelo con tus compañeros.

_____

_____

_____

_____

Nicotina — Insecticida

Metanol — Combustible de avión

Hexamina — Humo de parrilla

Cadmio — Baterías

Pintura

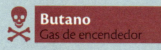
Butano — Gas de encendedor

Monóxido de carbono

Tolueno — Solvente industrial

Arsénico — Veneno

Metano — Gas de cloacas

Amoniaco — Limpiador de poceta

Ácido Acético — Vinagre

¡Prepárate!

1 Habla con tu compañero sobre el tema a continuación:

- ¿Las personas de tu familia, tus vecinos o tus amigos fuman o beben bebidas alcohólicas? ¿Qué piensas de eso?

2 Vamos a ver la opinión de algunas otras personas. ¿Qué pasa?

Gabriel: ¿Sabes que ví a Ana fumando?

María: No lo puedo creer. ¿Dónde la viste fumando?

Gabriel: La ví en esa plaza, acá cerquita, con otros chicos, todos fumando. Y no la veo aquí, debe haber faltado.

María: Yo no quiero fumar ni cuando sea grande, menos ahora. ¿Viste las fotos en los paquetes de cigarrillo? Tengo miedo a las enfermedades.

Gabriel: Yo tampoco quiero. Mi abuelo tiene enfisema pulmonar por haber fumado toda la vida.

María: Antes no se sabía que el tabaco causaba enfermedades. Mi abuela tiene una voz horrible, pobre. Debe tener toda la garganta estropeada, y aparte tiene mucho más arrugas que mi otra abuela que nunca fumó y tiene la misma edad.

Gabriel: Estoy preocupado con Ana. ¿Qué hacemos? ¿le hablamos?

María: Puede ser, ¿pero qué le vamos a decir?

Gabriel: Podemos preguntarle por qué fuma. Si ella sabe que le va causar problemas de todos tipos: de salud en primer lugar, y sociales, ya que para nuestra edad es prohibido. Seguramente con su familia, porque a sus padres eso no les va a gustar nada.

María: Podemos intentar, pero no puedo imaginarme que ella ya no sepa nada de esto.

Gabriel: El grupo con quien ella estaba es de unos chicos más grandes que nosotros. Tal vez ella quiera formar parte de ese grupo.

María: ¿Quiénes eran?

Gabriel: Pedro, el que usa flequillo, ¿sabes? Y también Pablo, Ernesto y Maite, la del 9ºB.

María: Sí, a ella le gusta el estilo de Pablo.

a) ¿A quién vió Gabriel y haciendo qué?

_____

b) ¿Por qué les parece que ella está fumando?

_____

c) ¿Qué le pasa a uno de los abuelos de Gabriel que es fumador y a una de las abuelas de María que es fumadora?

_____

_____

3 ¿Qué te pasa?

a) ¿Alguna persona en tu casa fuma? ¿Te gusta? ¿Te molesta? ¿Qué piensas?

b) ¿Por qué te parece que es prohibido fumar antes de los 18 años y en todos los lugares cerrados?

c) ¿Sabías que el tabaquismo es una enfermedad crónica?

d) ¿Sabes qué es la dependencia química? ¿De qué drogas escuchaste hablar alguna vez?

e) ¿Sabes que el cigarrillo y el alcohol son drogas, pero que son las dos únicas drogas legales en muchas partes del mundo?

El tabaquismo también es considerado una enfermedad pediátrica.
- 90% de los fumadores empiezan a fumar antes de los 19 años, y 15 años es la edad promedio de la iniciación.
- Cada día, 100 mil jóvenes empiezan a fumar en el mundo, según el Banco Mundial.
- 80% de ellos viven en países en desarrollo.

Fonte: https://www.who.int/bulletin/volumes/88/1/09-069583/es/. Acceso en: 16 jun. 2019.

4 ¿Qué piensas que es la libertad? ¿Es decidir las cosas que tienen que ver con tu vida? Piensa y consulta las investigaciones científicas sobre el tabaquismo, o pregúntale a un fumador si puede decidir parar de fumar simplemente cuando él quiere.

¡Piensa sobre todo esto y decide ser libre de verdad!
- El tabaco mata hasta a la mitad de sus consumidores.
- El tabaco mata cada año a más de 8 millones de personas, de las que más de 7 millones son consumidores del producto y alrededor de 1,2 millones son no fumadores expuestos al humo de tabaco ajeno.
- Casi el 80% de los más de mil millones de fumadores que hay en el mundo viven en países de ingresos bajos o medios.

Una de las principales causas de defunción, enfermedad y empobrecimiento.
El tabaco es una de las mayores amenazas para la salud pública que ha tenido que afrontar el mundo. […]
Casi el 80% de los más de mil millones de fumadores que hay en el mundo viven en países de ingresos bajos o medios, donde es mayor la carga de morbilidad y mortalidad asociada al tabaco. Los consumidores de tabaco que mueren prematuramente privan a sus familias de ingresos, aumentan el costo de la atención sanitaria y dificultan el desarrollo económico. […]

Disponible en: https://www.who.int/es/news-room/fact-sheets/detail/tobacco. Acceso en: 10 jun. 2019.

¡Lengua!

Reglas de acentuación

Igual que en portugués, algunas palabras en español llevan acentos escritos.

En español solo existe el acento agudo (´).

El signo ~ en realidad forma parte de una letra, la **ñ**, y no es usado en ningún otro caso.

Todas las palabras tienen una sílaba tónica. Es la intensidad de la voz que destaca una sílaba respecto a las demás. Algunas palabras llevan una tilde o acento ortográfico y este acento NO significa que la vocal sea abierta. Ejemplos: ca**fé**, eco**nó**mico, **ló**gico.

En español no todas las palabras se acentúan por escrito. La acentuación depende del número de sílabas y de la terminación de cada palabra.

Según su sílaba tónica, las palabras se dividen en **agudas**, **graves** o **llanas**, **esdrújulas** y **sobreesdrújulas**.

Aguda: la sílaba tónica es la última. Ejemplos:

- pasión, cantar, perdón, tenedor, saber, cristal, avión, balón, bebé.

Se escribe el acento sobre la última vocal de las palabras agudas si terminan en **vocal** (desmayó), en **n** (ilusión), o **s** (japonés).

Grave o **llana:** la sílaba tónica es la penúltima. Ejemplos:

- niña, perro, prisa, revoluciones, pintando, ámbar, árbol, ángel, difícil, túnel, lápis.

Se escribe el acento sobre la penúltima sílaba de las palabras graves que acaben en una consonante que no sea **n** ni **s** (álbum, azúcar, cárcel, césped, cáncer) o que terminen en una consonante seguida de la letra **s** (bíceps).

Esdrújula: la sílaba tónica es la antepenúltima. Las palabras esdrújulas siempre llevan acento escrito ortográfico. Ejemplos:

- mágico, esdrújula, cáscara, músico, rápido, física, América, Bélgica, Sudáfrica, miércoles, sílaba.

Sobreesdrújula: la sílaba tónica queda antes de la antepenúltima. Las sobreesdrújulas siempre llevan acento escrito ortográfico. Ejemplos:

- dígaselo, cuénteselo, mándemelos.

 ¡Practiquemos!

1 Di si las siguientes palabras son agudas, graves, esdrújulas o sobreesdrújulas.

a) Tejer: _____
b) Haciendo: _____
c) Consultor: _____
d) Proponiéndome: _____
e) Murciélago: _____
f) Estrategia: _____

2 Discute con tus compañeros sobre los efectos negativos del cigarrillo. Después, lee el texto y responde las preguntas.

INFORME OMS* SOBRE LA EPIDEMIA MUNDIAL DE TABAQUISMO [...]

*Organización Mundial de la Salud

El Convenio Marco de la OMS para el Control del Tabaco (CMCT de la OMS) reconoce los importantes daños causados por el consumo de tabaco y la necesidad apremiante de prevenirlos. Cada año el tabaco mata aproximadamente a unas 6 millones de personas y causa pérdidas económicas valoradas en más de medio billón de dólares. Si no se aplica rápidamente el CMCT de la OMS, el tabaco puede llegar a matar a mil millones de personas a lo largo de este siglo. [...]

En 2008, la OMS identificó seis medidas de control del tabaco basadas en la evidencia de que son muy efectivas para reducir el consumo de tabaco. Estas medidas se conocen como "MPOWER" y corresponden a una o más de las medidas de reducción de la demanda contenidas en el CMCT de la OMS: vigilar el consumo de tabaco y las políticas de prevención, proteger a la población del humo del tabaco, ofrecer ayuda para dejar el tabaco, advertir de los peligros del tabaco, hacer cumplir las prohibiciones sobre publicidad, promoción y patrocinio del tabaco, y aumentar los impuestos al tabaco. [...]

El informe de este año se centra en las medidas de prohibición total de la publicidad, la promoción y el patrocinio del tabaco (PPPT), medidas que constituyen una opción muy eficaz para reducir o eliminar la exposición a los factores que inducen a consumirlo. [...]

[...]

Informe OMS sobre la epidemia mundial de tabaquismo, 2013. Organización Mundial de la Salud. Ginebra, Suiza: 2013. Disponible en: http://apps.who.int/iris/bitstream/10665/85382/1/WHO_NMH_PND_13.2_spa.pdf. Acceso en: 7 jun 2019.

a) ¿Cuáles son las seis medidas propuestas por la OMS para el control del tabaco en el mundo?

_____

_____

_____

b) Vuelve al texto y subraya todas las palabras que tengan tilde, y sepáralas en agudas, esdrújulas o sobreesdrújulas.

_____

c) ¿Qué información ya conocías del texto?

d) ¿Qué información te impactó más? ¿Por qué?

A escuchar

1 Escucha el trecho siguiente de la novela, *La tía Julia y el escribidor*, de Mario Vargas Llosa, y complétalo con los verbos faltantes. Elige una opción de cada verbo.

a) pregunta/preguntó.
b) echarte/echar.
c) está/estoy.
d) recuerda/recordó.
e) prometerán/prometieron.
f) encanta/encantó.
g) hice/hizo.

– ¿Algún problema, sobrino? – le _____, como al descuido, con una sonrisa bondadosa. – ¿Algo en que tu tío pueda _____ una mano?
– Ninguno, qué ocurrencia – se apresuró a contestar Richard, encendiéndose de nuevo como un fósforo. – _____ regio y con unas ganas bárbaras de calentar.
– ¿Le llevaron mi regalo a tu hermana? – _____ de pronto el doctor –. En la Casa Murguía me _____ que lo harían ayer.
– Una pulsera bestial – Richard había comenzado a saltar sobre las losetas blancas del vestuario –. A la flaca le _____.
– De estas cosas se encarga tu tía, pero como sigue paseando por las Europas, tuve que escogerla yo mismo. – El doctor Quinteros _____ un gesto enternecido:
– Elianita, vestida de novia, será una aparición.

Mario Vargas Llosa. *La tía Julia y el escribidor*.
Disponible en: https://www.wattpad.com/317059874-la-t%C3%ADa-julia-y-el-escribidor-parte-2/page/3.
Acceso en: 7 jun. 2019.

2 Busca el significado de las siguientes palabras en su diccionario.

a) apresurar
b) echar
c) ganas
d) loseta

_____
_____
_____
_____

Soy ciudadano

"Todos beben, ¡yo voy a beber también!"

De nuevo, lo que está en riesgo es tu libertad. Primero, no todos beben. Y porque "todo el mundo" hace algo, ¿vas a hacerlo tú también? ¿Por qué? ¿Quién eres tú? ¿La propaganda te manda y tú obedeces?

Igual que el cigarrillo, el alcohol también es prohibido para los menores de 18 años. ¿Por qué?

La ingestión del alcohol en la adolescencia:

- causa caída del desempeño escolar;
- causa dificultades de aprendizaje;
- causa perjuicio al desarrollo;
- lleva a diversos tipos de accidentes;
- lleva a muertes precoces y violentas;
- lleva a la participación en pandillas;
- lleva al riesgo de violencia sexual;
- aumenta el riesgo del desarrollo de la dependencia química.

¿Alguna vez viste a alguien embriagado? ¿Te pareció gracioso? Y si fuera tu padre o tu madre, ¿te seguiría pareciendo gracioso?

El alcohol está presente en la mayoría de los casos de agresión y de los accidentes de automóvil. Los que usan y abusan del alcohol desarrollan una enfermedad incurable que es el alcoholismo. Esa enfermedad lleva a los individuos a abandonar los estudios, el trabajo, la familia y su autoestima.

Nadie se vuelve alcohólico con una dosis de ninguna bebida, sin embargo, todos los alcohólicos empezaron con una dosis.

Y, aparte de todo esto... ¿El alcohol causa acné? El efecto del alcohol sobre el hígado y el sistema inmunitario está relacionado al acné. Una de las funciones del hígado en el cuerpo es librarse de las toxinas.

El alcohol perjudica la capacidad del hígado para funcionar y lleva a acumular el exceso de toxinas en el cuerpo y a desequilibrar las hormonas que pueden causar el acné. Los azúcares en el alcohol pueden afectar el hígado y su función, resultando otra vez, en un desequilibrio hormonal, lo que conduce al acné.

El alcohol, además, está asociado a un debilitamiento del sistema inmunitario. Cuando el sistema inmune es débil, no es capaz de combatir eficazmente a las bacterias. Algunas como las Propionibacterium del acné, quedan libres para crear colonias y crecer en los poros de la piel...y el resultado es el acné. La presencia del alcohol también es conocida por agravar el crecimiento de la bacteria Cándida, que está asociada con las causas del acné.

Texto elaborado con fines didácticos.

Cultura en acción

Los marcos y monumentos de Centroamérica hispanohablante

HONDURAS

Escultura maya, Honduras.

La Gran Plaza, Honduras.

EL SALVADOR

Tazumal, ruinas mayas, El Salvador.

Ruinas de Joya Céren, El Salvador.

OCÉANO PACÍFICO

NICARAGUA

Las Huellas de Acahualinca, Nicaragua.

COSTA RICA

Reserva indígena de Talamanca, Costa Rica.

Cerámica de los Chorotegas, Costa Rica.

PANAMÁ

Viejas ruinas de la antigua ciudad de Panamá, Panamá.

Maqueta de la antigua ciudad de Panamá, Panamá.

OCÉANO ATLÁNTICO

Mar de las Antillas

AHORA TE TOCA A TI

1 Busca las siguientes palabras en la sopa de letras.

vicio • dependencia • nocivo • sustancias • cigarrillo
tabaquismo • prevención • epidemia • campañas • impacto

B	D	P	R	E	V	E	N	C	I	O	N	X	C	R
T	E	F	T	R	S	N	O	C	I	V	O	T	P	A
A	P	G	L	E	F	T	Y	U	S	A	D	R	R	O
B	E	C	V	G	P	I	V	V	C	A	D	O	S	L
A	N	C	P	T	A	I	C	G	H	C	B	N	V	M
Q	D	O	A	S	C	B	D	B	M	L	N	A	C	E
U	E	O	S	I	U	D	D	E	N	L	M	A	I	D
I	N	C	O	V	S	D	C	A	M	P	A	Ñ	A	S
S	C	L	A	N	A	S	A	R	T	I	U	L	N	Z
M	I	B	U	L	I	O	G	I	M	P	A	C	T	O
O	A	R	D	I	S	U	S	T	A	N	C	I	A	S
C	I	G	A	R	R	I	L	L	O	P	A	L	L	O

2 Di si las siguientes palabras son agudas, graves, esdrújulas o sobreesdrújulas.

a) Auditorio: _____

b) Alfajor: _____

c) Canción: _____

d) Préstamo: _____

3 Coloca la tilde en las palabras que la necesiten.

a) lampara: _____

b) habitacion: _____

c) historia: _____

d) telefono: _____

e) lapiz: _____

f) familia: _____

g) imitador: _____

4 Coloca las palabras de la caja en el grupo que corresponda, después colócales la tilde a aquellas que la necesiten.

> album • alumno • cuaderno • carbon • cesped
> compramelo • coronel • cuatro • dia • dolar • escuela
> estrella • feliz • gramatica • leon • libro • pais • pajaro • Peru
> profesor • logicamente • tu • ultimamente • Uruguay

aguda	llana o grave	esdrújula	sobreesdrújula

¡NO TE OLVIDES!

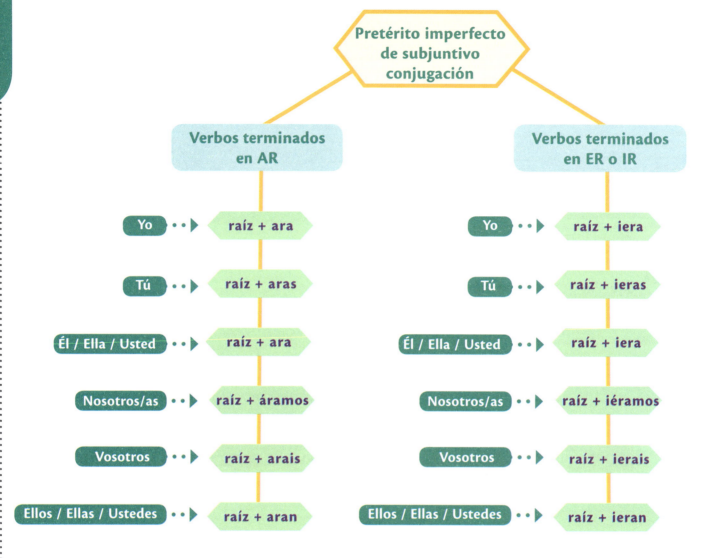

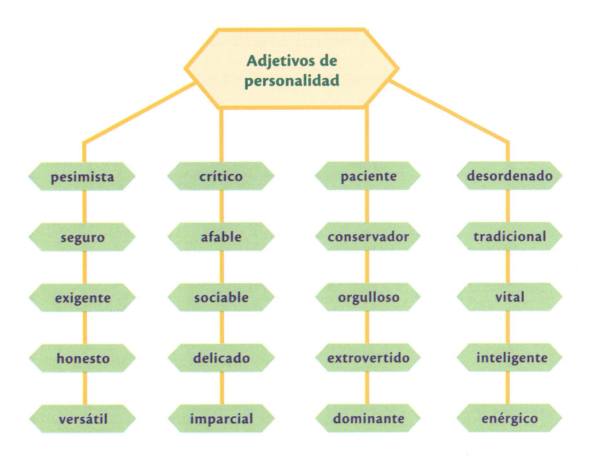

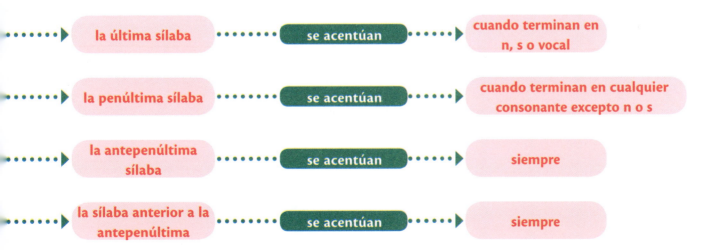

REPASO

1 Completa las frases con la forma correcta del pretérito imperfecto de subjuntivo.

a) Pero, ¿qué pasa? ¿Ana no entiende nada? Es como si no _____ (saber) nada.

b) Al director le gustaría que _____ (hacer - nosotros) un esfuerzo para mejorar el contacto con los clientes.

c) Me gustaría que _____ (haber) más documentales en la tele.

d) La policía le dio cinco días al propietario para que _____ (cerrar) el bar.

e) Os echo de menos. Me gustaría que _____ (estar - vosotros) aquí.

f) Quisiera que me _____ (decir - tú) la verdad.

g) Ayer vi a Juan, pero él hizo como si no me _____ (conocer).

h) Yo os aconsejaría que _____ (tomar - vosotros) el autobús hasta la Calle Cánovas.

i) Lo único que quería es que los niños se _____ (divertir).

j) Me gustaría que tú también me _____ (dar) tu opinión.

k) Sigue escribiendo como si no nos _____ (oír).

2 Marca con equis la alternativa correcta.

a) Después
   - ( ) Aguda   ( ) Esdrújula   ( ) Grave

b) Jurado
   - ( ) Sobreesdrújula   ( ) Aguda   ( ) Grave

c) Expliqué
   - ( ) Grave   ( ) Aguda   ( ) Esdrújula

d) Película
   - ( ) Sobreesdrújula   ( ) Grave   ( ) Esdrújula

e) Obstáculo
   - ( ) Aguda   ( ) Grave   ( ) Esdrújula

Exame Nacional do Ensino Médio – Caderno Azul (ENEM/2010)

Dejar de fumar engorda, pero seguir haciéndolo, también. Esa es la conclusión a la que han llegado investigadores de la Universidad de Navarra que han hecho un seguimiento de 7.565 personas durante 50 meses.

Los datos "se han ajustado por edad, sexo, índice de massa corporal inicial y estilo de vida", ha explicado el director del ensayo, Javier Basterra-Gortari, por lo que "el único factor que queda es el tabaquismo". El estudio se ha publicado en la Revista Española de Cardiología.

"El tabaco es un anorexígeno [quita el apetito], y por eso las personas que dejan de fumar engordan", añade Basterra-Gortari. Eso hace mucho más relevante el hallazgo del estudio. Puesto en orden, los que más peso ganan son los que dejan de fumar, luego, los que siguen haciéndolo, y, por último, los que nunca han fumado, indica el investigador. "Por eso lo mejor para mantener una vida saludable es no fumar nunca", añade.

La ganancia de peso de las personas que dejaron de fumar durante el estudio era mayor cuantos más cigarrillos al día fumaban en el momento de comenzar la investigación. "La asociación entre sobrepeso y tabaquismo es especialmente perjudicial para la salud cardiovascular. Por ello, el abandono del hábito tabáquico se ha relacionado con una disminución del riesgo de enfermedades cardiovasculares y de cáncer. Sin embargo, los expertos alegan que la ganancia de peso tras dejar de fumar es, con frecuencia, una razón para no abandonar el tabaquismo, especialmente entre mujeres", indica el trabajo.

[...]

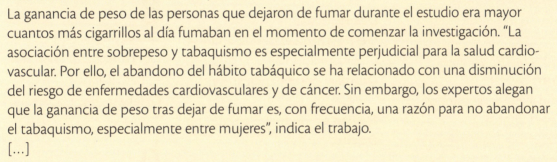

Disponible en: https://elpais.com/sociedad/2010/04/22/actualidad/1271887201_850215.html.
Acceso en: 12 jul. 2019.

1) O texto jornalístico caracteriza-se basicamente por apresentar informações a respeito dos mais variados assuntos, e seu título antecipa o tema que será tratado. Tomando como base o fragmento, qual proposição identifica o tema central e poderia ser usada como título?

a) Estilo de vida interfere no ganho de peso.
b) Estudo mostra expectativa de vida dos fumantes.
c) Pessoas que fumam podem se tornar anoréxicas.
d) Fumantes engordam mais que não fumantes.
e) Tabagismo como fator de emagrecimento.

GLOSARIO

a

Aburrirse: entediar-se.
Acercar: aproximar.
Adicto: dedicado, apegado; viciado.
Alubia: feijão.
Ancho: largo, amplo.
Animadversión: aversão, ojeriza.
Apagar: apagar; desligar.
Apenar: causar tristeza; envergonhar-se.
Arropar: abrigar; vestir; arrebanhar.
Arruga: ruga; prega, dobra.
Atrapar: pegar; conseguir; enganar.
Azufre: enxofre.

b

Barriada: bairro; periferia.
Bautizar: batizar.
Becar: dar bolsa de estudos.
Bromear: brincar.
Bucear: mergulhar; investigar, pesquisar.

c

Cabezonería: teimosia.
Calentar: esquentar; animar.
Cárcel: cadeia.
Casilla: casa (de tabuleiro); bilheteria; compartimento.
Cerca: cerca, muro; perto; cerco.
Cerro: colina, morro; lombo.
Césped: grama.
Chiflar: assobiar; enlouquecer.
Chisme: fofoca, intriga; badulaque.
Chocho/a: caduco/a; tremoço.
Chubasco: chuva impetuosa e repentina com vento, que dura pouco; contratempo.
Cielo: céu.
Codiciar: cobiçar.
Cohete: foguete.
Comenzar: começar.
Contrarrestar: resistir, fazer oposição; neutralizar o efeito de algo.
Creencia: crença; doutrina.
Cuello: pescoço; colarinho; colo.
Cuenta: conta; conta-corrente; explicação; miçanga.
Cuestión: questão; disputa.

d

Deber: dever, missão, incumbência.
Deseo: desejo.
Deshojándose: desfolhando-se; descascando-se; esgotando-se.
Dibujar: desenhar; delinear, esboçar.
Disfrutar: desfrutar, gozar.
Dueño: dono.

e

Echar de menos: sentir falta.
Efecto invernadero: efeito estufa.
Eje: eixo.
Elocuente: eloquente.
Empalagoso: enjoativo.
Empeorar: piorar.
Enarbolar: levantar, hastear; enfurecer.
Engranaje: engrenagem.
Envidia: inveja.
Escalera: escada.
Escarcha: geada.
Escatimar: diminuir; adulterar.
Escenario: cenário; palco; lugar ou conjunto de circunstâncias onde algo ocorre.
Espalda: costas.
Espejo: espelho.

f

Falda: saia; aba; sopé, base; fraldinha, acém; regaço, colo.
Fallar: dar sentença; falhar; errar.
Farándula: meio artístico; comédia teatral.
Fiable: confiável.
Flequillo: franja do cabelo.
Franja: faixa, listra.

g

Goce: prazer, deleite.
Gorrión: pardal (gorrioncillo: pardalzinho).
Grietas: trinca, abertura, fenda.

h

Hada: fada.
Hallazgo: descoberta.
Hogar: lar, casa; lareira.
Huir: fugir.
Humo: fumaça.

i

Increíble: incrível.
Incumplir: não cumprir.
Invertir: inverter; investir, ocupar o tempo.
Involucrar: involucrar; incluir, abarcar; comprometer.

j

Jefe (a): chefe (a).
Juicio: juízo.

l

Largo: longo; generoso; abundante; dilatado, amplo; astuto, esperto. "A lo largo y ancho": ao longo de, em todo (o país, o território).
Licuadora: liquidificador.
Lied (alemão): canção; termo usado na música clássica para classificar arranjos para piano e cantor solo.
Liguero: liga (de cinta-liga); pertencente a uma liga esportiva.
Loseta: lajota; ladrilho.
Lujo: luxo, ostentação.

m

Menudo: pequeno. "A menudo": frequentemente.
Moraleja: moral da história.

n

Nena: bebê (feminino).

o

Oca: ganso.
Ocurrencia: ocorrência, fato; pensamento; ideia; peraltice.
Olor: cheiro, fragrância; pressentimento.
Olvidar: esquecer.
Oso: urso.
Otoño: outono.

p

Pandilla: gangue; turma.
Paraguas: guarda-chuva.
Pendiente: pendurado; inclinado; brinco; ladeira.
Perjuicio: prejuízo.
Pesado/a: pesado; trabalhoso, difícil; chato.
Pieza: peça; representação teatral; cômodo, compartimento.
Pozo: poço.
Promedio: média; metade.

q

Quema: queima.
Quitar: retirar; furtar; abolir, extinguir; privar, despojar.

r

Ráfaga: ventania.
Razonar: raciocinar; argumentar.
Recopilar: reunir novamente.
Regalo: presente; agrado, gosto.
Regio: real; suntuoso, grande; legal, maravilhoso.
Remordimiento: remorso.
Riesgo: risco.
Rocío: garoa.
Rubricar: rubricar; assinar; vistar.

s

Señal: sinal.
Sencillo: singelo; modesto; fácil; natural; espontâneo; ingênuo.
Sequía: seca, estiagem.
Servilleta: guardanapo.
Soler: costumar.
Sosiego: sossego, serenidade.

t

Tocado: maluco(a); penteado; touca.

v

Vacunar: vacinar.
Valija: mala; malote.
Vestuario: roupa, traje; vestiário; time; camarim.